蒙台梭利万用亲子游戏 01

探索世界的56种基础游戏

［德］安特耶·博斯特尔曼　米夏埃尔·芬克◎著　陈 佳◎译

婴幼儿心智开发指南
（0—3岁）

ZHEJIANG UNIVERSITY PRESS
浙江大学出版社

序言

亲爱的爸爸妈妈们：

孩子在玩游戏时，有开心的时光，也有难过的时候。孩子会跑来跑去，把东西从架子上扯下来。最糟糕的是，他们还会把积木往门上扔，发出很大的声响。当父母或幼教老师在绝望中开始抓扯自己的头发时，孩子似乎非常享受自己制造的混乱。

德国有一本著名的童书《尿布上的探险家》（*Forschergeist in Windeln*），它用婴幼儿发育研究的理论来解释，孩子是如何深入且持续地去探索这个全新的世界的。那些对成年人来说似乎毫无意义的行为，实际上是孩子正在进行密集且细致的观察，他们以此对世界进行探究、识别和分类。例如，为什么（几乎）所有的东西都会掉在地上？那些没再看到的东西，真的都消失了吗？着迷于研究每一个行为背后的原因，是每个孩子都会集中注意力做的事。

这本书介绍了适合孩子的56种基础游戏活动。基础游戏活动，或称为基本游戏方案，是根据世界各地孩子都会出现的行为模式所制定的。父母可以对这些行为进行观察和分类，这样会有助于我们了解孩子，同时也能帮助孩子学到更多的知识。

其实，孩子有很多种行为模式，然而本书中，我们的关注重点是孩子在做游戏时有重要意义的行为模式，这也是所有学龄前孩子的家长和老师都应该知道的。我们会对每一个行为做出解释、说明，并告诉你哪些材料、家具等日常生活用品可以用来帮助孩子。

　　如果我们的图书对你们的日常生活、教育工作有所帮助，希望能够收到你们的反馈。你们有任何问题，我们也都欢迎咨询。

　　别犹豫，保持联系吧!

目 录

导言

什么是"基础游戏活动"

　　每个孩子都是不同的，但孩子做的事情却是相似的。归根结底，所有孩子好奇的起点都会是掉落的物品和滚动的轮子；所有孩子都会热衷于把东西搬进房间，或者把东西藏在电暖器和橱柜后面。每个孩子在成长过程中都会学习玩捉迷藏，研究水是如何从水龙头里流出来的，还会一边绕圈旋转一边大声尖叫。我们人类的很多行为都是自然出现、完成的，那么，这些行为的目的是什么呢？当孩子把东西藏起来，拿两个东西互相碰撞，或者把粥倒在桌子上涂画时，他们会学到什么？

　　从父母的角度来看，这些问题没有明显的答案，很多孩子做的事情一开始都会被认为是毫无意义的。这些事情真的要在意吗？一个1岁大的孩子真的必须把桌子上的东西拨拉到地上，把他的汤打翻在桌上，把豌豆和胡萝卜一粒一粒地挑出来，而不吃它们吗？

　　孩子做的这些事情，在大人看来是莫名其妙的：大人很难从这些举动中发现任何价值或意义。这不足为奇，因为大人的学习观包含的都是成熟的经验。我们可以试着回想自己在学校里是如何学习和思考的。我们通常是安静地坐着，听老师讲解。那些没有集中精力听讲的人学不到任何东西，而其后果就是考试成绩很糟糕，到社会上很难拥有好的工作机会。这种因果关系在我们的学习观中根深蒂固，所以我们很难理解孩子的那些行为模式，但孩子的"随意游戏"其实也是一种学习。

让我们再换个视角：新生儿是世界上的新事物。他们不懂任何语言，所有的解释说明对他们来说都是苍白无力的。他们不能问问题，但他们仍然须要建立关于这个世界的基本认知，这也是他们在以后的生活中能够对世界进行分类和理解的必要条件。这就是为什么婴儿和幼童会花很多时间去观察一切。

如果你仔细观察一下，就会注意到那些小人儿感兴趣的东西，以及他们是如何在眼睛的帮助下对这个世界有所了解的。孩子最先观察和感受到的都是些基本的物理属性，如光、颜色和噪声，这些都是他们必须最先处理的外界刺激。孩子会自行处理这些经验，发现不同的分类，从而发展出关于自然规律的观点。这意味着孩子会根据对这个世界的最初印象开始形成期望。

因此，孩子需要各种各样的可能和机会去体验自然的规律。对家长来说不幸的是，要给孩子提供这些可能和体验，仅仅装饰漂亮的游戏室和购买昂贵的玩具是不够的。孩子需要通过现实生活中的物品，来完成他们对世界的探索和研究。而要在卧室或游戏室中建立一个可供孩子使用的现实世界，需要大人有良好的观察力、同理心和想象力。通过观察孩子全神贯注做某项活动的行为，家长或老师可以理解其行为和心理。例如，假如一个孩子集中精力且持续不停地将吸管插进漏勺里，这说明

他正在完成一项令自己很兴奋的任务，并且扩展了自己的技能。大人真的没必要限制孩子这样的举动，也没有必要给孩子太多的人造玩具，或只让孩子按照大人想出来的一些规矩来做游戏。

行为主题	可能出现的行为
运输	把积木、毛绒玩具或其他物品从房间一角移动到另一角，或者移动到小车上，又或者移交给其他孩子。
遮盖	把自己或其他物体裹在毯子里；套上好几层衣服；给一张图涂上不同的颜色。
下落	把桌子上的物品推到地上；对水龙头和流水表现出很大的兴趣；让沙子从指间滑下。
旋转	入迷地坐在洗衣机前，看着滚筒一圈又一圈地转动，爱上滚筒旋转发出的声响。
连接与分离	先用沙子堆一个沙堡，或者用积木搭一列火车，然后亲手摧毁。
变换位置	爬到台上、椅子上、沙发上，或躺在地板上、床底下。
封闭、包围	在自己四周造一圈围栏并在其中玩耍，或者寻找一个角落或凹陷之处在那坐着或玩耍。

让学习看得见、摸得着

"让孩子自己做自己的事！"教育专家不得不反复对父母强调这些话。因为父母总是对孩子那些看似无意义的行为投去怀疑的目光，满怀焦虑地思考着诸如早期教育和教育期望之类的术语！许多幼教从业者同样面临这个问题，父母似乎都缺乏让孩子们自主做事的信心。该怎么才能让父母意识到，他们看到的孩子的"玩耍"，实际上是孩子重要的学习经历呢？

结构化能帮助我们更清楚地了解事物本身。于是我们组织幼儿园老师对孩子所进行的各种不同玩耍行为进行分门别类，并构建了"玩耍体系"。当妈妈拿着一条毛巾挡在脸前发出"布谷布谷"的声音，孩子开始高兴地尖叫时，他就是正在经历一种"隐藏"的玩耍行为。孩子把东西从桌子上扔下去，就是在观察物品是如何掉落的。当我们把玩耍的行为按照相似性进行分类时，就能明显地看出孩子是在用这些行为来弄清某些问题的真相。

坠落和飞行的游戏是为了研究影响地球所有生命的重力——人类在第一次成功飞行之前，也曾对重力进行了很长时间的研究。离心力似乎也是孩子非常有兴趣去研究的东西，他们会长时间凝视旋转的物体，也很喜欢玩转圈的游戏，或者荡秋千。"即使我看不见这些东西，它们也会一直存在吗？"则是一个关于物体是否永恒存在的问题。

活动*	连接	运输	旋转	下落
体验烹饪和烘焙	按照食谱，将面粉、鸡蛋和水混合成面团。	购买原料，将它们放进冰箱。	用搅拌机把原料混合搅拌。 把面团揉成一团。 削苹果。	把液体倒进面团里。
体验水流	把颜料或肥皂与水混合。	给瓶子或水桶装满水。让一艘玩具船或一片树叶漂浮在水面上。	摇晃瓶子里的液体。 看水从排水管里流出。 观察洗衣机内的水流运动。	水从水龙头里流出。
日常生活	大人往包里装东西，给自己穿衣服，或者给孩子们穿衣服、戴帽子。	大人驾驶汽车或骑自行车来运载儿童或物品。	洗衣机转动。	物品掉落。

*活动是指孩子们自己经历或自己完成的行为。

鼓励基础游戏活动

孩子自主学习到的知识，会比通过死记硬背学到的知识掌握得更牢。那么，父母除了旁观，还要做其他的事情吗？是的，还有很多事情要做。毕竟，孩子所喜欢的游戏行为的强度和范围，常常受限于他们所处的家庭环境。

对大多数孩子来说，家庭环境常常起到反作用：当孩子开始爬行时，许多家长开始疯狂地清空游戏室之外的底层抽屉，或者在柜门上安装儿童锁。这些适合存储东西的地方虽不适合小孩玩，但他们需要了解这个世界，包括抽屉、橱柜和家长隐藏的所有秘密。所以，孩子会故意爬向厨房的橱柜，去观察他们在里面发现的东西。因此，我们建议家长在较低的抽屉里存放无害的塑料物品和容器。

我们在托儿所/幼儿园里密切观察幼儿的行为时发现，每个家庭都需要一些方便移动的简易家具，来满足孩子的游戏需求。这样，孩子所能接触到的东西，就恰好是他们正在探索的对象。

如果孩子最近真的很喜欢运输，那么就要尽可能地为他们准备好小汽车、包和箱子。因为运输是和移动相关的，所以空间必须足够孩子自由移动，足够他们把东西从一个地方运输到另一个地方。如果房间很杂乱，这种游戏就不太可能了。对运输主题感兴趣的孩子不会考虑他们所玩的物品到底是做什么用的。他们运输一切东西——从复杂的积木到泰迪熊。不管父母或老师多么想要保护自己爱意满满、布置温馨的游戏场所，都无法违背孩子的天性，所以他们的保护行为注定会失败。除非绝望地把所有玩具从孩子手中抢过来，否则父母只能在混乱中默默忍耐。所以，父母只有理解了孩子的行为，才能为这些行为提供足够的有利空间。

"基础游戏活动"这个词会误导大人，"游戏"一词会让他们立刻想到如下场景：乖巧的孩子，在事先安排好的游戏规则下，安静地玩耍。然而，孩子的"游戏"既不是出于社交目的，也不以群体为导向，似乎也不遵从大人的秩序感。孩子只是通过不断地重复同样的行为，试图让自己的身体与世界和谐相处。

意大利学前教育专家蒙台梭利将其描述如下：只有当我的身体理解这个世界了，我才能与他人分享这个世界。而且重要的是，婴儿的"玩耍"行为、学龄前儿童的游戏，以及学龄儿童学习的方式，是很不一样的。

基础游戏活动会在我们的余生中一直陪伴着我们。随着年龄的增长、知识的增加，它们会逐渐改变。例如，婴幼儿喜欢看着从管子中掉落的弹珠一直绕圈打转儿，刚开始上学的孩子会尝试理解水的循环，而年纪较大的孩子则会对电路感兴趣，旋转的原理贯穿我们的一生——我们通过游戏而学习到的其他基本经验也是如此。

婴幼儿是如何玩耍的：

- 婴幼儿研究支配世界的物理法则。

- 婴幼儿的行为主要集中在自己身体的经验上，而不是与其他孩子的社交互动。

- 婴幼儿会观察和研究日常物品。

- 婴幼儿会模仿成人和其他孩子的行为。

- 婴幼儿使用物品的目的常常有别于该物品的本来用途。

- 所有婴幼儿的行为模式都在基础游戏活动中有所体现。

行为主题	孩子的喜好
运输或移动物品	喜欢拎包或推着车到处走。
旋转，对圆圈好奇	对转圈游戏、轮子、旋转的圆盘感兴趣。
遮盖、隐藏或封闭	把东西装进箱子或袋子里，用毯子或毛巾把东西包裹起来。
下落，对直线感兴趣	对沙漏、流动的水、流动的沙子、掉落的物体表现出兴趣。
连接，把东西聚到一起	喜欢用积木搭建筑，用胶水、胶带或鞋带把东西连接起来。

观察和规划

为了能更专业地对待儿童游戏，我们必须首先分辨出这些行为是什么。因此，观察是很重要的。我们不仅要知道大多数孩子在特定的时间里研究什么，而且要能理解其他孩子与众不同的兴趣点。要进行这样的观察并不复杂。不过，在孩子的这个年龄阶段，写下他们说的话是没有意义的；相反，父母应该注意哪些基本的玩耍行为是孩子频繁进行的，把这些写在便利贴上是很有意义的，还可以把这些笔记贴在房间的某个地方，方便与其他家庭成员共享。通过这种方式，父母可以快速了解此阶段的孩子需要什么。

当观察能够形成一个具体的计划时，观察才有意义。当我们在多家幼儿园中运用基础游戏活动时，会让幼儿园教师团队花时间来讨论他们的观察，并做出改进。父母、老师可以和亲人朋友合作交流，从而对游戏的方法和材料进行完善。"当你的孩子对倾倒感兴趣时，你给他提供了什么？""我们为什么不合买一个可以用来玩的装水容器呢？"

父母的反馈和幼儿园的实践表明，使用基础游戏活动是简单而有效的。这种方法有助于对孩子的行为进行分类和理解，从而让父母能够以一种更好的方法去接近孩子，尤其是年轻的父母特别喜欢这些简单、明了的方法。

基础游戏活动

在本书中，我们将列出12类、56种最常见的婴幼儿基础游戏活动。

在每个分类下，你首先会看到"对世界的疑问"，我们认为孩子会通过他们的行为来寻找这些问题的答案。

接着是介绍性文字"这就是它的意义"，我们会解释说明孩子通过他们的观察和研究得到了哪些经验。

在"一些经验"中，我们给出了基础游戏活动在日常生活中的体现。

在"什么时候可以观察到这些活动"中，我们展示了孩子特别喜欢做这些活动的时间和地点。

在"这些要注意！"中，我们会提出一些警示，避免发生一些与游戏主题有关的危险。

在"需要提供的东西"里，我们会根据自己实践的经验，提供一些孩子特别喜欢使用的东西，以及你可以计划和准备的活动等。

有时，孩子的行为看上去是在重复其他游戏主题中的某一部分，或者与其他游戏主题相关。这是不可避免的，因为这也与孩子探索世界的方式有关，他们有时候会用单一的动作去理解好几个问题。

>>>>>>>> 隐藏

对世界的疑问

那些没有被我们看见的东西，也是一直存在的吗？

如果我看不到其他人，那别人还能看到我吗？

东西会彻底消失吗？

这就是它的意义

有些东西消失了，然后又突然出现了！几个月大的婴儿喜欢玩那些物品消失的游戏。其中最受欢迎的游戏之一是布谷鸟游戏：把婴儿藏在毛巾后，在他开始挣扎想要看到东西时，尽快让他看到。他自然会明白：消失了一会儿的世界，终究还是会出现在那里！

孩子会用多种方式观察和研究事物是如何消失的：把东西藏在袋子里或者放在柜门后，然后再把它们找出来；把自己藏在柜子、门后等隐蔽处等着被人发现，或是让别人藏起来。

"原来看不见的东西也是在那里的。"在这些行为的帮助下，孩子们发现了这条规律，并一遍一遍地检验它：妈妈在旁边的房间——尽管我看不到她；我的睡衣就在床罩下面——即使我刚刚把床铺好，看不到它；那些看不见的东西依然存在——它们可能在另一个地方，或者被其他东西掩盖起来了。

有些游戏是"遮盖"主题的一部分。例如，孩子把东西或自己一层层包裹起来，或是盖个小窝把自己藏起来。这也和"看到表面之下"（见第24页）的游戏主题有关。当孩子试图发现表面背后的东西时，其实是在进行"反隐藏"的探索。

一些经验

孩子在移动的过程中会不断经历事物消失又出现的过程：当他们被带到幼儿园，他们的父母就消失了，但幸运的是，父母会在接他们回家时再次出现。

在孩子的日常生活中，很多东西都会消失，或被完全遗忘（如奶嘴、毛绒玩具、毯子等），但幸运的是，大部分东西都会再次出现。

什么时候可以观察到这些活动

当孩子藏在窗帘后时。

当孩子把东西藏在暖气片后面、隐蔽的角落里或者壁橱里和橱柜后面时。

当孩子开始玩不同的毯子、被单时。

当孩子开始寻找一些不见了的东西时。

当孩子不经意地找到一些东西时。

当孩子把东西用袋子或箱子装起来，并把它们藏起来时。

这些要注意！

看看家里或幼儿园的房间，哪些地方能够让孩子把他们自己或东西藏起来。

孩子喜欢把东西藏在角落、缝隙和洞里。花瓶、橱柜、储物格和水管也是他们很感兴趣的地方。

记住这些地方，你就能知道可以让这个阶段的孩子玩哪些东西了。

在旅行的时候，孩子也会玩隐藏的游戏，所以父母一定要注意，确保自己的头脑清晰，知道哪些地方适合玩捉迷藏。

在阿斯特丽德·林格伦写的一本著名童书中，主人公把自己的头藏在了一个汤碗里。在这个阶段，家长要注意一些特别的危险物品，比如塑料袋和其他可以被孩子套在头上的东西。

给孩子一些可以让他藏起来的东西也是很有必要的，比较合适的物品有软木、窗帘环、婴儿奶瓶盖和木球。请务必做好安全保护措施，并确保只使用一些无法吞咽的大物品。

父母可以看一些安全教育图书，遵守其中的安全规范，避免孩子的头被卡住，或把手指头伸进缝隙里。

在你为孩子制作那些可以让孩子藏进去的箱子或管道前，请一定要先阅读这些注意事项。

需要提供的东西

纱巾等半透明物

这些物品会让孩子发现自己喜欢捉迷藏：他们很喜欢大人把脸藏在纱巾后面。

水桶、碗

孩子喜欢大容器，因为可以在里面藏东西——包括他们自己的脑袋。他们甚至会戴上大桶当头盔！

铁罐

只有一个小洞或小缝儿的密封铁罐，最适合藏小球、软木塞、铁环和其他小东西。

寻宝游戏托盘

一个筛子、一个小碗和一碗沙子，沙子里面有四颗漂亮的石头。把所有的东西都放在一个有边框的托盘上，就能够让孩子享受几小时隐藏和发现的乐趣。

玩起来

经典的捉迷藏

在经典的捉迷藏游戏中，孩子可以
练习如何让人们找不到他。

墙上的玩具通道

在墙上做一条放玩具的通道，就
能让东西消失于视野之中。

隐藏和发现

把面粉筛掉，里面的物品才会显
露出来。

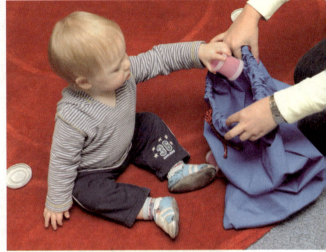

手指游戏和歌谣

那些可以隐藏手指和某些身体部位的游戏，很适合喜欢隐藏的孩子。

帮忙把东西拿出来，并放到一边

重要的东西是在哪儿找到的？它们本该放在哪里？让孩子帮忙把东西拿出来，并放到一边，这样他们就会觉得：原来自己喜欢把东西藏进橱柜是有道理的。

观察研究手提包

翻看妈妈的手提包，对孩子来说是一种很大的乐趣。他们也喜欢在自己的包里装满各种各样的东西，然后再把所有的东西都翻出来。

>>>>>>>>> 看到表面之下

对世界的疑问

表面之下藏着什么?

我怎么才能知道表面之下是什么?

哪些表面可以改变?

这就是它的意义

　　任何东西都有一个表面，每一个表面都可以通过感觉（如触觉或味觉等）来进行观察研究。一开始，孩子通过触摸物体的表面来收集物体的属性信息。

　　后来他们意识到，在物体的表面之下可能有某种未知的东西。一旦孩子意识到这一点，就很少有东西能够逃过他们的"魔爪"了。

　　孩子把墙纸从墙上撕下来，把毛绒玩具上的小洞抠大，或者把面包卷弄碎，他们对隐藏的世界有着近乎科学研究般的好奇心——不安于表象，是一种值得称赞的兴趣。

一些经验

孩子可能会伤害到自己，比如他们的皮肤会被抓破，鲜血会流出来——这是痛苦和可怕的经历！在很多情况下，破坏物品的表面都是一种很正向的体验：很多水果表皮都不可食用，必须削皮才能吃到中间美味的果肉。糖果、巧克力和奇趣蛋都要先打开包装才能吃。

礼物也是一样，破坏美丽的外包装就是为了得到其中的礼物。孩子把东西藏起来，就是为了再找到它们。如果孩子想知道那些看不见的东西是否真的还在那里，就会同时进行"隐藏"和"看到表面之下"这两种游戏。

什么时候可以观察到这些活动

当孩子在地毯、衣服或毛绒玩具上戳出小洞，并把小洞弄得更大时。

当孩子开始剥除物品的表层时，比如他们开始把纸板书一层层撕下来，或者开始掀开地毯。

当孩子挖沙子或泥土的时候。

当孩子开始把东西从手提包和橱柜里拿出来的时候。

当孩子开始不断开门、关门的时候。

这些要注意！

当孩子"攻击"物体的表面时，也一定会同时受到表面的反作用力，所以木纤维墙纸不适合装饰儿童的房间。衣服上的小洞会被扯得更大，墙上的小洞也会被破坏得更大，所以，要格外注意观察那些容易被"攻击或破坏"的区域。

例如，孩子的衣服不要有缝或小洞；孩子的房间也尽量不要放地毯；如果纸板书的书页开始分离，请尽快修复好；儿童房的墙壁，也要贴上环保墙纸。

对孩子来说，到处涂抹是他们日常生活的一部分：把奶油涂在镜子上，把粥"完美"地洒满桌子。在这种情况下，我们要做的就是允许这样的情况出现，不要发疯失控。

偶尔，让孩子的身体体验些不一样的活动，例如让他在豆子里"泡一个澡"，在满缸的泡沫或纸片中"泡一个澡"。

需要提供的东西

气泡膜

可以让孩子在气泡膜上随意戳破泡泡。还可以把气泡膜铺在地板上，或者浴缸里。这样不但可以带给孩子几小时的乐趣，还能训练他们的灵活性和专注力！

涂鸦墙

为孩子准备一面涂鸦墙，可以让孩子用手在上面涂画。最好贴上墙纸，这样就不会造成任何麻烦，只是要记得定期更换墙纸！

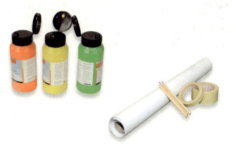

凌乱角

如果不希望孩子在墙上、桌子和地板上制造手印和污迹，就需要给孩子提供另一种发泄精力的方式。例如，在浴缸或院子里制造一个凌乱的空间，让孩子可以用水、沙子和泥土来满足自己的好奇心。

清洗游戏

把肮脏的物品重新变回原来的样子：东西越脏，洗起来越有趣。

玩起来

身体绘画

孩子会把所有东西都扯下来，除了自己的尿布。他们还会用颜料或剃须泡沫把自己全身涂满。每个孩子几乎都会无意识地涂画自己的皮肤。这是一件很有趣的事情，然后他就可以通过洗澡来重新发现自己的身体了。

自己剥水果

让孩子自己花时间剥一个水果，一定会花很长的时间，但是通常他们都能保持专注。

所以，可以给孩子一个"水果时间"作为休息，让他们自己去剥橘子或香蕉，甚至试着让他们小心地切一个苹果。

开箱游戏

拆包装在任何时候都是一件很有趣的事，即便拆的不是生日礼物。可以偶尔找个机会和孩子一起打开包装，或发起一个开箱游戏，让孩子打开一些常见物品的包装。

一层层地挖走沙子

挖沙子的时候，你总觉得会发现一些意想不到的东西。孩子也一样，他们喜欢把上一层的沙子挖开，检查下面有什么。

>>>>>>>> 遮盖

对世界的疑问

当东西被遮住时，它们会改变吗？

如果东西被盖住了，那它是否会变成别的东西呢？

哪些部分是物体的遮盖物，哪些部分是物体本身的表面呢？

把东西打包或盖住的目的是什么？

这就是它的意义

如果你能打开某样东西，那就意味着你可以把它重新包起来。

当东西被覆盖时，就会消失；当它们被拿出来时，又会出现。然而，它们一点也没有改变。

几乎所有的东西都可以被覆盖，甚至人的身体也可以隐藏在衣服或毛巾下面。

如果有很多东西要同时运输的话，须要把东西装进袋子或箱子里。

孩子会明白，把东西盖住能够让它保持热度，比如冬天舒服地蜷在床上，或是穿上一件外套，就会感觉更暖和。通过观察大人的行为，孩子会了解到，遮盖是很多不同日常事物的重要功能。手提包里装着很多东西，橱柜里装着餐具、洗涤剂或书籍，彩纸可以用来包装礼物。

这个游戏主题和前面介绍的隐藏主题也有关联，还能够联系到运输和检查表面等主题。

一些经验

在冬天，我们都会穿暖和的衣服。如果觉得冷，你可以把自己裹在毯子里。

在某些节日，孩子看起来会不一样，因为他们会盛装打扮。

你看不到袋子里装着的东西，因为它们被遮住了。

洞穴里的物品看起来和平常不太一样：更暗、更小，也更安静。

什么时候可以观察到这些活动

当孩子躲在窗帘后面的时候。

当孩子在花园的篱笆下爬来爬去的时候。

当孩子开始用各种方法摆弄毯子的时候。

当孩子使用手提包和箱子，并把东西塞进里面藏起来的时候。

当孩子开始进行角色扮演时。

当孩子开始用纸或毛巾把东西包起来时。

当孩子把新画的画折叠起来，不让别人看的时候。

这些要注意!

　　有些孩子喜欢坐在"洞穴"里，有些孩子喜欢在家具下面爬来爬去。要注意这样的举动会产生不同的危险。

　　他们可能会被困住，而无法自行脱困；也可能会躲在房间里，后来才意识到他们自己无法打开门。

　　因此要确保厕所门不能上锁，确保孩子钻不进狭小的空间或是家具间的缝隙里。

　　孩子可能会爬进有毒或多刺植物的灌木丛中。在幼儿园和游乐场，要确保附近没有带刺的或有毒的植物。

　　在这个阶段，还有一种特别的危险要注意，那就是要提防塑料袋以及其他能被孩子拿来套在头上的东西。

需要提供的东西

纱巾

捉迷藏深得孩子的喜爱，他们很喜欢看大人的脸藏在纱巾后面。

纸箱

在隐藏的阶段，孩子很喜欢钻进纸箱。这样他们就可以盖上盖子，暂时离开外面的世界。

绘画颜料

孩子也会用手指画画来隐藏自己。当他们把一层层的颜料涂在一起时，就是在观察下层颜料的消失。折叠或卷起的图片也与遮盖和隐藏有关。

玩起来

建造藏身之处

如果家具不太重，或是家里规矩不太严格，孩子就会表现出极大的想象力，去为自己建造特别的藏身之处，让自己可以玩捉迷藏或暂时远离这个世界。你一定要允许孩子这样做！

创造移动景观

孩子需要能够让自己躲在里面的小空间，就像他们需要一个"凌乱角"一样。

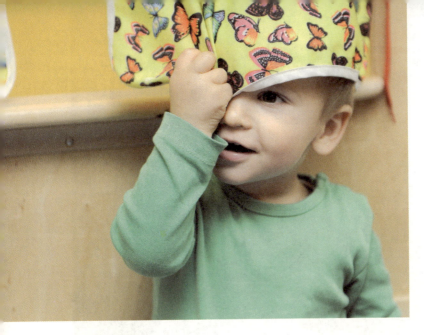

盛装打扮

对于孩子来说，重要的不是拥有完美的超人服装，而是尝试可以遮盖身体的各种各样的衣服、床单和帽子。正在经历这一阶段的孩子，喜欢穿上尽可能多的衣服。

打包游戏

东西被打包后就看不到了，那自己被打包后是一种什么样的感觉呢？

>>>>>>>> 运输物品

对世界的疑问

东西被移到另一个地方，它会改变吗？

东西在被移动的过程中会改变吗？

世界是如何变化的？

如何同时运输好几样东西？

这就是它的意义

运输东西其实是一项非常简单的工作，但它的结果却非常显著：刚才在这里的东西突然就在那里了——因为它们被运到了那里。

相对于物体下落的探究，运输游戏对参与者的意义更为重大。物体只须被轻轻一推就能坠落，但对于运输来说，通常需要一个人具备力量和灵巧性。在运输游戏中，孩子还能在运输物品的过程中体验到自己的效率。

这个主题还与空间视角有关，很小的孩子就能意识到：自己在房间的不同位置，就会有不同的视角。

一些经验

孩子自身就处于不断的运输过程中：在手推车里、自行车座上、汽车里，被父母抱着或是背着。

同时，在日常生活的每一个部分，他们都能够明显地体验到携带东西对生活的重大意义。购物时，东西先放在购物车里，然后装进袋子或箱子里，被带回家，最后被运送到冰箱里或架子上；游客旅行了很远，突然就到了目的地；任何放进马桶里的东西都被冲走了。

我们的世界也是由交通运输主导的，我们周围都是不同的交通方式：汽车、自行车和火车分别在公路、非机动车道和铁轨等交通道路上运行。

什么时候可以观察到这些活动

当孩子使用滑板车、小三轮车或踏板车时。

当孩子开始搬运或装填包装袋时。

当孩子开始把周围的玩具、垫子和玩偶推开时。

当孩子玩滑梯——孩子被引导着沿一条固定的路线滑行时。

当孩子对垃圾车表现出热情时：首先出现一辆货车，然后垃圾箱被抬起来，里面的东西被倒出来，然后车又开走……

这些要注意！

　　在对运输产生热情的阶段，孩子也会对交通工具非常感兴趣。所以，在你们出门的时候，注意不要让孩子离车辆太近！

　　在搬运物品时，孩子往往会全神贯注于他们所搬运的东西，要注意搬运途中那些看不到的危险。

　　当孩子正在经历运输物品的敏感期时，易碎物品不要放在架子上。当孩子在运输东西的时候，他们可能会摔倒，并打破那些易碎品。

　　当孩子正在经历这一阶段时，最好是在架子上放一些适合搬运的物品，当然，越容易收拾的物品越好。

需要提供的东西

适合运输的物品

所有的玩具，如木制的小动物、小木车、毛绒玩具和坐垫等，都是完美的运输物品。基本上，任何可以移动的东西都可以被运输，并且都会被孩子用于运输游戏。

不同种类的包

如果把东西事先装好，那么运输起来就会变得更顺畅。孩子需要包、盒子、篮子、超市购物袋，甚至一个带滚轮、可以拖动的小箱子——运输方式越多越好。

可以装东西的小货车

另一种运输物品的方式就是把东西装满小货车，再推进房间。婴儿学步车特别适合很小的孩子用，它很稳固，能装很多不同的东西，方便孩子完成运输。

在托盘上放物品

给你的孩子一个托盘，上面放两个透明的容器和一个勺子。在一个容器里装上面粉，然后让孩子用勺子小心地把面粉盛到另一个容器里。

玩起来

运送孩子

孩子经常会被大人运送到各处，他们会对此感到很兴奋。很多幼儿园都有这种可以让孩子们共享运输经验的儿童车。

滑板车、三轮脚踏车

用车辆运送自己是一个巨大的挑战。在孩子很小的时候，可以试着让他坐在可以滚动的物体上，让自己的身体动起来。最开始可以用小型可滚动的东西或小木车，之后就可以开始使用三轮脚踏车了。

创造足够的空间

运输和运动有关，而运动需要空间，所以要在房间或室外找到合适的空间。等孩子长大一些后，也会从运输物品的热情中找到更让他兴奋的游戏。例如，可以使用绘画或不同物品来标记路径，制造挑战。比如：谁能用这种方式安全地把泰迪送回来？

孩子在上幼儿园之前，就能理解并掌握这一挑战。让孩子在预先设定好的道路上自由前进，也是一件很有趣的事，比如，在房子里用透明胶带铺一条路。

铁路日

玩木制火车是很有趣的，尤其是有一条很长的铁路时。何不在一段时间里把房间变成铁路轨道，让火车在架子下和椅子之间穿梭？

>>>>>>>> 变换位置

对世界的疑问

如果从不熟悉的角度观察事物，它们是什么样的呢？

从外面看熟悉的环境，会是什么样子呢？

从高处往下看，或者从非常低的地方往上看房间时，是什么感觉？

这就是它的意义

孩子会研究从不同的位置看世界，会有什么不同的观感。当孩子被父母抱在怀里的时候，孩子看到的东西和他躺在床上看到的是不同的。这是一种不断重复且非常迷人的体验。

孩子喜欢从不同的角度看所在的环境。一旦孩子能够独立自主地站起来，他们会开始爬上桌子，观察整个房间。当他们可以用自己的腿走路去看世界时，他们就会想看看事物有什么不同。

孩子对世界的认知始于眼前的小区域，以及大区域内的小细节，所以他们喜欢改变视角也是有道理的。

让孩子从不同的角度去看这个世界吧。通过频繁地改变视角，从顶部或底部观察房间，透过橱柜门或外面的窗户去观察房间，可以让孩子学到基本的概念：定位。换句话说，他们会不断地在自己心中的地图上重新绘制世界。

鸟瞰是一个非常重要的视角，孩子们都希望自己能够像个巨人一样，从上方看世界。

一些经验

　　从窗户往外看总是很有趣的。向外部看，会让孩子知道什么叫置身事外。孩子也喜欢爬到沙发或扶手椅上，从另一个角度看世界，并对周围一切形成大致的理解。他们还喜欢躺在地板上，盯着天花板，或者平躺着再转过身。

　　从一个很低的角度变换到一个高一点的角度，似乎和孩子喜欢"变得更高"有关。通过攀爬家具或被举高高，孩子可以得到另一个不同的视角。

　　视角的改变也与孩子对成长主题的兴趣密切相关：我什么时候会长那么高？我出生的时候有多小？

什么时候可以观察到这些活动

当孩子在桌子和椅子下爬行，从那里看世界的时候。

当他们爬上小山坡、塔或各种梯子的时候。

当孩子全神贯注地看鸟飞过的时候。

当孩子想象站在飞机、摩天大厦和起重机上是什么感觉的时候。

当孩子试图爬上树或栅栏时。

当孩子思考自己的成长时。

这些要注意！

攀爬是孩子很喜欢的行为。要想保障孩子安全，与其禁止孩子做攀爬的动作，或者保护他们不摔下来，不如让他们经常锻炼并掌握攀爬的技巧。

所以我们建议家长，与其制止孩子爬上沙发，不如帮助他们练习如何能快速爬下来——一种安全的方式是先用脚够到地面。学过这一招的孩子都可以爬沙发和扶手椅。

当然，要确保地面能让孩子"软着陆"，而且一定要把那些架子牢牢地固定在墙上！

需要提供的东西

三角攀爬架

每一个游戏场所都应该准备一个三角攀爬架。

把架子放在柔软的垫子上，可以让小孩子很安全地攀爬。

高台和儿童多功能床

孩子想要了解成为大人是什么感觉，就会利用高台或攀爬其他家具，体验从上面看风景的感觉。高台和多功能床让孩子有机会体验站在高处的感觉。

圆形游戏桌

从桌子或架子上也可以看到很棒的风景。孩子的手应该能触摸到游戏桌的所有地方，这样他就可以随心所欲地探险了。

当桌子这样的家具成为探险路径的一部分时，效果会很好。

镜子

在镜子里，你可以发现很多平常看不到的东西。镜子里的房间和你所处的房间一模一样，但观看的角度变了。在镜子里看自己，就像我们在看其他人一样。

玩起来

半透明的材料

当你透过某样东西看世界的时候，视野也会发生变化。例如：红色、绿色或蓝色的丝巾，会给我们所熟知的世界增添色彩。

大块软积木和冒险垫

孩子用大块软积木和垫子来打造他们自己的山，从那里他们可以向下看，也可以从其中的孔洞往外看。

用一个大垫子把这些都盖起来，就可以创造出一块冒险区域：有些东西挡住了路，我该怎么爬过去？

球里的世界

对孩子来说，可以被研究的对象都是神秘的空间，虽然他们的身体不能进去，但是他们的眼睛和想象力却能在那里驰骋。

爬行隧道

当孩子还小的时候，他们喜欢待在狭小的空间里。只要待在一个可爬行的隧道里，就意味着可以兴奋地期待到达出口的时刻。

"望远镜"

当你通过一根管子观察时，世界看起来就不一样了。你所看到的空间会受限，从而使你看到的东西显得更突出、更大。

>>>>>>>>> 封闭

对世界的疑问

外面是什么，里面是什么？

空间是如何创建的？

这就是它的意义

定义"我的空间"这种幼儿游戏主题，是一种人类早期发育阶段的普遍行为。

事实上，原始人就在洞穴中寻找栖身之处，然后用树枝和稻草建造原始的房屋，最后用围墙和栅栏将其与世界分割开来——这就是为什么孩子会本能地一次又一次用简单材料来标记自己的领地。

在标记了边界之后，下一步就是赋予新领地功能：用栅栏和围墙来创造一个玩具马场、一个木偶世界、一个积木城镇，或者一个模拟商店。

当孩子能够隔离空间并赋予它们新的功能时，想象力就开始出现了。

一些经验

在孩子的世界中，很多地方只属于特定的某个人：我的家、你的家。有些地方是为特定的人保留的，也只能被他们占据：那是我坐的地方，那是幼儿园老师坐的地方，只有厨师可以随时去厨房……

在孩子的生活中，有些地方的特点就是只能做某些事，例如家里厨房的操作台或浴室，或是幼儿园的功能性区域。

在某些情况下，边界会自动建立：在不受限制的空间里，通常是坐在里面的人有话语权。孩子可以获得一种体验，即其他孩子是否会尊重已经建立的边界。

什么时候可以观察到这些活动

当孩子寻找可以钻进去玩耍的地方，或是隔离出属于自己的地方时。

当孩子坐在橱柜、浴缸或纸箱里时。

在"拦路"游戏中："谁都不能通过"，或是要缴纳一小笔"费用"。

绘画：在开始绘画前，很多孩子会先在纸上画一个边框。

这些要注意！

在规划儿童活动的空间时，要把隔离区域考虑进去。

要注意保护孩子建造的东西——把它们多保留一会儿，而不是立刻就清理干净。

有些孩子会根据其他人的空间来定义自己的空间，大人要理解孩子这种建立阻断区域的行为。

要确保年幼和弱势的孩子不被欺负，确保他们也能到受欢迎的游戏区中玩耍。

有时，孩子搭建出来的"建筑"是极度危险的。所以当他们在建造的时候，请进行安全检查！

需要提供的东西

纱巾和毯子

学龄前儿童需要各种尺寸的纱巾和毯子作为"建筑材料"，以便能够在桌子上搭建小屋或洞穴。纱巾也是创造封闭角落的完美选择。

大块积木

大块积木绝对是建造隔离区域不可缺少的物品。

保温棉

轻型保温棉是打造各种边界的完美建筑材料，它很轻，也很便宜。游泳棒也很不错。

粉笔

画定"我们的角落"时，须要在院子里用粉笔做出标记。

玩起来

坐在游戏筐里

每个孩子房间里都需要准备足够
大的容器，让他能够坐进去。孩
子特别喜欢自己坐在里面，被其
他人移来移去。

建造小屋

人类似乎天生就有建造的能力。
如果有建造的空间，并且给他们
提供了简单的材料，孩子就会一
次又一次地建造房屋。

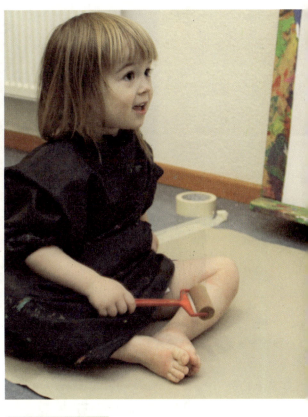

老鹰捉小鸡

把孩子抓住，然后再放开，会让
他们非常兴奋。父母或老师为什
么不找地方和孩子玩一场老鹰捉
小鸡的游戏呢？

在大纸上作画

孩子认为大幅的纸张都是空白的
区域，须要给它框定界线，例如
给整张纸画出一个边界，或是用圆
圈和其他封闭的形状标记出区域。

>>>>>>> 坠落

对世界的疑问

所有东西都会掉下来吗？

哪些东西掉下时又快，声音又大？ 哪些东西掉下时又慢又轻柔？

为什么有些东西不会掉落，反而会飞？

这就是它的意义

当我们放手时，物品往往会直直地落到地面上。

成年人会认为重力的作用是理所当然的事情。然而对孩子来说，这是一个要研究的、不可思议的现象。

就像大多数基础游戏活动一样，孩子想要探究自己所能接触到的任何东西，看看重力是如何影响它们的。他们着迷的不光是所有的物体都会坠落，还有物体坠落时会发生的各种现象：石头掉落水中会有扑通声；易碎的物品掉落后会被撞击而破碎；水流下来后会在地上流淌漫延；沙子滑落会形成沙丘。而且，有趣的是，物体往往是沿直线下落，特别是从管子或水龙头流出的沙子或水，能创造出完美的下落线。

一些经验

孩子在运动过程中会经历很多"坠落"的情形：他们会一次次地跌倒，而这通常会与疼痛有关，所以他们经常收到"别摔倒"的提醒。

孩子体验到流水时会非常兴奋，他们也会着迷于去观察流水。因此，孩子非常喜欢玩水龙头，而且经常在玩的过程中被淋湿。

吃饭时，他们会把勺子扔出去，就像他们会把毛绒玩具扔出童车一样。为了观察和研究物品的特性，孩子会故意让东西坠落。

由于大多数物体都会坠落，所以孩子看到肥皂泡和气球飘浮在空中时，会感到新奇和吃惊。

什么时候可以观察到这些活动

在装满发光亮片的瓶子里，小亮片慢慢地沉到瓶子底部时。

在沙漏中，沙子从两个漏斗容器的连接口流过，并形成一条直线时。

当孩子玩沙子时，尤其是当沙子从玩具磨砂机流出时。

当水从水龙头里流出，成一条细流时。

当孩子在床垫和蹦床上跳跃时。

当孩子拿起物品，然后又放手时。

这些要注意！

最开始，陶瓷杯子、玻璃制品这种易碎物掉落摔碎后，孩子会被吓到，这时候要注意安抚孩子的情绪。另外，当他们故意或无意地掉东西的时候，大人通常会因为东西被破坏或孩子造成的混乱而生气，所以，家长也要注意控制自己的情绪。

在水龙头前的"小小研究员"常常会把自己的衣服弄湿。所以，家长要确保孩子已卷起袖子，并及时换上干衣服！

如果研究积木这类物品，受伤的风险就更大了。所以一开始就要跟孩子定下规矩，什么东西可以扔、什么不可以扔。

需要提供的东西

装满亮片的闪光瓶

瓶子里通常都装着彩色的液体，中间还漂浮着很多闪光的亮片。即使是婴儿也能摇动这样的瓶子，然后用自己的眼睛追踪那些闪闪发光的东西。

弹珠游戏

弹珠滚动，可以让孩子很好地看到重力是如何带来运动的。

玩水区

水一直都是研究重力的理想介质。不管是洗澡的浴盆还是浇花的洒水壶，都可以让孩子研究重力。

管道玻璃球

从手工商店买一根透明的管子，把它做成一个圆环，在里面装上玻璃球，然后用透明胶带封起连接口，这样就有了一个体验重力的好玩具。

玩起来

跳跃练习

跳下来是故意的下落行为。孩子可以从小凳子或较高的地面开始练习跳跃。

球类游戏

一个球被扔起来，能飞多远、多高？每次有什么差别呢？有没有可能把东西扔过栅栏，或是扔上天？

倒饮料、端食物

孩子常常把餐桌上的东西弄得一团糟，不过这正好说明孩子喜欢认真地练习，正在尝试逐渐把事情做得更好。

沙漏

在沙漏中，可以看到不断下落的线条，它们是在漏斗的帮助下创造出来的。

流水

孩子喜欢玩水龙头，因为当水流下来的时候，会产生一条完美的直线。

用液体涂料作画

色彩在画墙上流淌，尤其是当颜料中含有大量水分时。

>>>>>>>> 声音

对世界的疑问

事物是如何发出声音的?

我的身体能发出什么声音?

这就是它的意义

这个世界充满了各种声音。每一种声音都有自己的来源，几乎所有的物体都可以用来制造声音。

当你击打某些东西的时候，有些会咚咚作响，有些则会砰砰作响。物体产生的不同声音是由材料的不同属性引起的。当不同的事物相互碰撞、落在地面或被装进容器时，就会产生无限的声音变化。

我们人类也创造了各种各样的声音：尖叫声、唱歌声、说话声，还有肚子咕咕叫和放屁的声音！

一些经验

年龄较小的孩子能感知到一些声音，但不能立刻知道声音来自哪里。所以，当他们在黑暗的房间里睡觉时，听到吱吱嘎嘎的声音就会感到害怕。

孩子知道制造声音是一件很有趣的事，也知道当别的声音更大时，感觉很糟糕。孩子也知道有一些特别美妙的声音还能够影响我们的情绪，让我们开心或悲伤，例如音乐。

什么时候可以观察到这些活动

当孩子用棍子在暖气片这种有棱纹的物品上面划拉，制造出嘎啦嘎啦的声音时。

当孩子开始敲打各种空心的物品时。

当孩子对动物的声音感兴趣时：牛会发出什么声音？马的叫声是什么样的呢？

当孩子看到人的大声尖叫时，会想：我能有多大声？

当孩子扔东西而制造出响亮的咣当声时。

当孩子踩踏、尖叫、扔东西时。

对大人和未参与声音游戏的其他孩子来说，研究声音真的很烦人。

这些要注意！

孩子会拿物品互相击打，而不在意物品的属性。所以，当孩子到这个阶段时，要格外小心那些易碎物品。

孩子会用任何物体来制造声音。所以，选择制造声音的物品要适度，以免干扰到其他人。

不要出现持续的噪声，因为只有安静的环境才能听清声音。这听起来像是一个悖论，但是通常情况下，孩子们不能仔细地听，因为他们始终被噪声包围着。所以，家长把背景音乐关掉吧！

需要提供的东西

自制沙锤

我们可以买到沙锤，但是自己做一个更有意思，这样就能知道是什么制造了那些哗啦啦的声音。一个装了扁豆或大米的瓶子，就是一个完美的沙锤。

气球沙锤

这是自制乐器的好主意：用大米、扁豆或沙子填充一个气球，然后把它吹起来，打个结，再套上一只袜子以防破掉。这样你就有了一个气球沙锤！

链子

你在商店能够买到各种链子。在选择时，要注意链珠间的缝隙大小。链子不但能形成一条完美的下落线，还能制造一些有趣的声音，如拿链子在铁罐边摩擦。

空罐头盒

空罐头盒是非常受欢迎的儿童玩具。它们不仅能产生有趣的声音，也很适合用来叠放或是藏东西。

玩起来

尖叫时刻

孩子都喜欢展示自己充沛的精力
和能量，他们也需要那些能够测
试自己嗓音极限的时刻。现在就
到了尖叫时刻！

锅碗瓢盆奏鸣曲

闭上眼睛仔细听：让孩子们认真
倾听并找出他们能识别出的日常
物品的声音。这是非常有趣的。

水管和雷鼓

孩子喜欢这样的乐器，因为它们可以用来模仿大自然的声音。这些"玩具"最好由成人引导使用，别让孩子把它们当成真的乐器，因为那样的话，钢琴之类的乐器就遭殃了。

与声音相关的角色扮演游戏

坏掉的旧电话再也不能发出声音了，但孩子能在游戏中让它们焕发生机。

穿上角色扮演的衣服，在"藏宝箱"里找一些与声音游戏相关的东西吧。

>>>>>>>> 旋转

对世界的疑问

什么类型的物体可以旋转？

当物体转动时，会发生变化吗？

当我转动的时候会发生什么？

这就是它的意义

　　会转动的东西很多，比如只要一点推力就足够让轮子开始转动。孩子还喜欢绕圈跑或原地转圈。

　　当孩子进入空房间、大厦的大厅，他们会在其中转几圈来研究这个环境。

　　当一个陀螺开始旋转时，画在上面的图案会变得模糊，所能看到的只有各种颜色的线。如果我们转一圈，周围的世界也会变得模糊，我们看到的也是有颜色的线。为什么会这样呢？所有旋转的物体都会出现一样的情况吗？

　　这就是孩子会问自己的问题之一。他们会通过旋转运动中产生的颜色变化和经历的眩晕感，来研究离心力和光的规律。

一些经验

孩子一直都在经历旋转运动。

当他向母亲奔去，扑向她的怀抱时，母亲通常会抱起孩子旋转。

路上的汽车轮子，婴儿车的轮子……圆形的东西总是在转动。

集体转圈游戏时，孩子会一起绕圈圈。旋转木马也会一直转动。

把童车放倒，然后在轮子上撒一把沙子，如果车轮转动，那么沙子就会飞起来。

什么时候可以观察到这些活动

当孩子在玩球类游戏时。

当孩子在玩旋转游戏时。

当孩子玩会转动的玩具时，如陀螺、轮子、拨浪鼓或碟片。

当孩子骑儿童三轮车时。

当孩子自己转圈时，不管他手里拿着玩具还是没拿玩具。

当需要旋扭才能打开某些零件或锁时。

这些要注意！

　　当孩子在经历旋转兴趣期时，他们会寻找一切机会让东西转起来。所以，如果你不想让孩子一直围着桌子跑，可以试着改变房间的布局。

　　旋转会产生离心力。因此，你应该注意孩子在旋转游戏中使用的东西是否安全。过重或尖锐的物品会伤到孩子，沙子可能会进入孩子的眼睛。

　　转动自己的身体是非常有趣的。但是，当孩子这样转圈的时候，还不能完全控制好自己的身体。所以在鼓励孩子旋转时，请把垫子铺好。

需要提供的东西

陀螺

即使很小的孩子也会喜欢这个玩具。它可以被旋转起来，然后发出有趣的嗡嗡声，而且陀螺外表还会根据它的速度而变化。

学步车

学步车让孩子的脚步更稳定，而且孩子可以把它推来推去。这样的话，不仅是小车的轮子在转动，屋子好像也在围着孩子转动。

各种类型的汽车、马车和童车玩具

这些东西不仅仅是很好的运输工具，也是有趣的玩具。把它们放倒，就能让孩子清楚地看到轮子是如何转动的。

旋转圆盘

圆盘有很多不同的种类，当它们转动时，会产生明显的光学效应。如果家里有比较长的过道，你可以按照孩子的身高放置一些发光的圆盘。

玩起来

转圈游戏：让我们围成一个圈！

要想让尽可能多的孩子手拉手围成一圈，转圈游戏效果最好。一群围成圆圈的孩子可以一起做圆周运动。

丢手绢游戏

这是一个非常受欢迎的儿童游戏，先让孩子们坐成一圈，然后选中一个孩子作"目标"，让他拿一个东西，在圆圈外面走动，把手里的东西放在他选中的一个孩子身后。在第一个孩子跑回原位置坐下之前，第二个孩子必须追赶并抓到他。要找到自己的方位，并且知道把物品放在哪个孩子背后才能赢，这可不是那么简单的事。

让球转动起来

球滚下斜坡时会转动，而彩色的球
还会在转动过程中不断变换颜色。

乘坐旋转木马

乘坐旋转木马可以让孩子用自己
的身体感受离心力的作用。孩子
很喜欢坐旋转木马，但是要小心，
因为头晕可不是愉快的体验。

制造一个绕圈路线

如果把一些家具推到房间的中
央，孩子就会自动地开始绕着它
们跑。他们还会带着玩具一起绕
圈跑。

>>>>>>>> 连接和分离

对世界的疑问

有可能把几个东西组合成一个吗？

有些东西是以某种方式组合在一起的吗？

该如何把东西牢固地连在一起，使它们再也不能被分开？

这就是它的意义

两样东西可以合成一个：这是孩子一直会经历的"魔法"。举个简单的例子，当一个插头被插进插座，孩子就很难用手把它拔出来；衣服也可以通过拉链或纽扣进行连接或分离。

一开始，孩子会倾向于处理不精确的连接。例如，用几块积木来搭一个小建筑。即使只能如此，他们也会很享受把东西连接到一起的快乐：一开始有几样东西，现在它们被连接成了一个整体。如果小建筑倒塌，积木们又分离成单独的个体。

在沙坑里也会有类似的经历，当沙子被用来建造沙堡时，沙堡很容易就会变回松散的沙子。

怎样才能把两件东西牢固地连接起来呢？当孩子用胶水或透明胶带把东西连接起来时，他们会了解到不同的连接方式会有不同的稳定性。

这个游戏也是运输主题的一部分。连接在一起的事物被转化为新的事物：沙子聚在一起形成一个沙堡，而积木可以连接成一条"铁路"。

一些经验

　　孩子在日常生活中会经历很多种连接：他们在沙坑里用沙子做沙堡；在一些物品上堆放另一些物品；在穿衣服时会体验到衣服与身体合二为一的感觉。

　　他们知道，某些人是属于一个集体的，就像每个孩子都属于自己的家庭。他们知道有些东西只属于自己："这是我的！"

　　当和别人手拉手围成一圈或拥抱时，他们会知道和别人身体接触的感觉很好。

什么时候可以观察到这些活动

在玩不同直径的纸筒时，孩子会试着把它们叠放在一起。

他们也会查看不同的材料是如何连接在一起的，如罐头、箱包、公仔、小汽车、软木、圆环等等。

当孩子搭建积木时。

当孩子在容器开口处粘贴东西时，不管是不是为了封闭开口。

当孩子紧紧抓住物体——不管大的或小的，并且拒绝放手的时候。

当孩子在沙坑做沙堡的时候。

当孩子戴上帽子时。

这些要注意！

　　正在经历连接兴趣期的孩子会对插座非常感兴趣。所以，一定要使用插座安全罩，警告孩子远离危险。可以让孩子使用玩具插头与插座玩耍，这种玩具插座最好与真实插座的样子不一样，以免他们弄混。

　　当孩子用自己身体上的某些部位进行连接实验时，如把豌豆放进鼻子里，也是非常危险的，千万要小心！

　　孩子小小的手指头常常会出现在洞或缝隙中——要确保间隙足够宽大，以免孩子的手指被卡在里面。

　　橡皮筋也很吸引孩子，但也要小心。橡皮筋会让孩子手指的血液无法流通，所以不适合做玩具。

需要提供的东西

毛线和床单

毛线和床单可以用来连接桌子和椅子。

晾衣夹

小孩子喜欢各种各样的家居用品，比如晾衣服的夹子。

平整或不平整的积木

不管是用木头还是塑料做的，对称的积木都很容易堆积。孩子喜欢学习如何把积木放在一起，让搭好的建筑保持稳定。

而不平整的积木需要孩子具有平衡感，它们可没这么容易被堆起来。

黏性连接物

白色的胶带特别适合作为一种简单的连接材料，让孩子把所有喜欢的东西粘在一起。

除了胶带以外，橡皮泥和吸管也可以成为很棒的连接材料！

玩起来

撕东西

连接和分离是一个彼此相依的过程！在撕纸的时候，孩子会着迷于研究连接的东西是如何被分开的。

玩螺丝帽

孩子喜欢螺丝帽，如果给他们不同大小和难度的螺丝帽去玩，他们会产生很大热情。

纽扣和拉链

纽扣和拉链是练习连接的好东西，
也能让孩子学习如何自己穿衣服。
不过家长千万不能着急，让孩子慢
慢穿衣服吧。

沙堡游戏

把沙子聚集在一起来建造一个沙
堡吧。然后，轻轻击打沙堡，它
就会变回松散的沙子。

整理

对世界的疑问

这个东西是属于哪里的?

所有的东西都属于某个地方吗?

哪些物品有共同之处?

这就是它的意义

孩子刚刚来到这个世界时，会觉得周围的世界一片混乱。

只有通过辨别出不同事物的相似性，他才开始看到秩序，并理解世界是由什么组成的。

能够根据事物的属性、用途和其他因素对其进行分类，是人类学习进程的核心。

孩子会逐渐意识到相似的东西有相同的名字，这时他们就学会了分类。

他们喜欢把自己的玩具或一些自然材料摊开，对比它们的大小和颜色，来排列物品。有些孩子喜欢参与整理房间的过程。他们喜欢做这些，因为他们有一种强烈的需求，想要把东西放回它们本该在的地方（或者他们觉得该在的地方）。

一些经验

所有的东西都有自己归属的地方或主人：孩子属于他们的父母或他们的幼儿园；兄弟姐妹是一家人；朋友也会在一起。就像我们人类都有一个家，孩子们的"物质财产"也都有它们的归属地，例如放置它们的架子。

孩子喜欢把相同形状或颜色的东西放在一起。为了做到这一点，他们会非常仔细地观察事物，并对物品进行分类排序，将具有相同属性的物品放在一起。

什么时候可以观察到这些活动

当孩子在抽屉里翻找，查看里面有什么的时候。

当孩子整理东西，并区分"这个属于这里，那个属于那里"的时候。

当孩子意识到东西放错地方时：那个不能放在这里！

当孩子把东西摊开来，摆成行，摆成堆或摆一圈时。

当孩子开始选择颜色相配的衣服来搭配时。

这些要注意！

当孩子打开所有抽屉，把东西一个接一个地拿出来的时候，我们发现了一个"奇怪的悖论"：为了理解秩序，他们必须首先摧毁现有的秩序。

与其过早地抱怨孩子不够整洁，不如让他们自然地度过这个阶段。

孩子需要大量的物品来实验，所以一定要确保有足够的物品让他们整理。

孩子喜欢使用家里的日用品。因此，明智的做法是收集大量的酸奶罐、瓶盖、大软木塞、大筒壳，以及用不同材料制成的窗帘环。

需要提供的东西

收纳盒

将同一类型的东西分类装进透明的塑料盒里。

玩具车的停车位

每辆车都有一个车牌号。

即将进入幼儿园的孩子可以辨认出不同的数字，也能够明白有数字的玩具车是可以停在相同数字的车位上的。但是数字大小不要超过5。

需要整理的照片

在每个抽屉里，简单地放一张属于那里的照片，然后孩子就会知道：这是我在这里找到的，我要把找到的东西再放回这里来。

仪式

仪式也是一种秩序：每天清晨，当陀螺开始旋转时，我们就要围成一个圈。当午休的铃声响起时，就到了午餐时间；当上课的铃声响起，就意味着我们要保持安静。

玩起来

整理

桌子上的所有东西都有它自己的位置吗？当孩子摆碗筷的时候，这不是一个无聊的任务——对他自己的秩序感来说，这是一个令人兴奋的挑战。

给日用品分类

软木、圆环、罐子和其他日用品都可以分类。最重要的是，它们可以同时属于很多类别。

按颜色创建秩序

根据颜色给积木分类。最好的方法是用透明的塑料盒子，在上面贴上彩色标签。也可以用木棍来进行颜色分类练习。

洞洞板

红色的排成笔直的一行，黄色的就要在红色的下面继续排列。

分类托盘

不同的盖子分别是盖到哪个罐子上的？把盖子放在托盘上，让孩子给盖子找到配对的罐子。

>>>>>>>> 平衡

对世界的疑问

物体是如何保持直立的？

当物体受到冲力时，会发生什么？

这就是它的意义

直立的物体会倒下，但如果它立的位置合适，就能够一直保持直立。

即使是婴儿，也会对前滚翻这种动作很有兴趣。

研究平衡的孩子会在高处进行坠落实验，研究怎么才能战胜重力。

孩子会观察物品的平衡与倾倒，但更喜欢用自己的身体去体验平衡。他们会用两条腿站在平整的地方，有时也会在狭窄的木板上用一条腿站立并保持平衡。

当保持平衡时，身体很容易就会出现抖动：在平衡实验中，孩子们经常遇到另一种力量，我们可以把它叫作冲力。

对称的现象也与平衡有关：如果在跷跷板两端都放相同的重量，它将保持平衡和对称。

一些经验

孩子摔倒又站起来——在他们学习走路、骑自行车的时候，平衡往往与痛苦、绝望和新得到的勇气联系在一起。

从孩子出生的那一刻起，母亲就把自己的孩子抱在怀里，孩子在母亲子宫里受到保护的感觉与此类似。许多游戏都与这种感觉有关，比如秋千、旋转木马和跷跷板。

孩子会在自己的生活中经历很多形式的平衡或对称，当他们在镜子里看到自己的脸和身体时，就能识别出脸和身体的对称结构。

有时，他们体验到的一种对称是一致性——两个朋友看上去很像，穿一样的衣服，有相似的家庭环境。找到和自己相像的人的感觉是很好的。

什么时候可以观察到这些活动

当孩子在沙滩上建沙堡，双脚陷进沙堆而想要站起来时——他们会努力寻求平衡点：要踩得多深，才不会跌倒。

在搭积木时，孩子会试图搭建一个高塔，越搭越高，直到它倒塌。

在操场上玩秋千和跷跷板时——孩子会用自己整个身体感受平衡。

在吊床上，在跷跷板上，或者坐着，轻轻摇晃自己的身体。

这些要注意！

所有在石头、平衡木、车辆上的平衡练习，对孩子来说都很有吸引力。我们不应该用复杂的规矩来阻止这种兴趣，经常练习才是保障安全的最好方法！

我们应该把注意力放在创造安全的环境上，让孩子可以自由使用自己喜欢的平衡设备。那么，你是否准备了软垫，让孩子能软着陆呢？

孩子喜欢体验在秋千上玩耍的强烈喜悦。请尽量选择人少的时候去玩，让孩子能长时间体验这种愉悦！

需要提供的东西

滑板车和儿童自行车

掌握这些工具的使用技巧需要灵活性、力量和良好的平衡能力，所以只有两岁以上儿童才适合玩这两种玩具。

香蕉跷跷板和圆形大积木

躺下时的轻轻摇晃和被抱在怀里的感觉，对孩子来说都是很美妙的体验，并非只有哄睡的时候才能让他们感受哦。

装满木棍、石头和面粉的盒子

在下雨天里，一个装满面粉和很多木棍的盒子，可以让孩子有机会去玩他们的"沙坑游戏"：孩子"种植树木"，并让"树木"保持直立。

小纸箱、旅行箱、水桶或罐子

纸板箱和塑料桶比现成的模型玩具更适合在沙滩上建造高楼。

玩起来

建造一个高塔

把几块积木叠放在一起，就能建成一座塔。然而，如果积木的形状不一致，会发生什么呢？

重物

孩子往往对事物的重量不感兴趣。不过，通过改变天平两边的物体数量来获得平衡，是他们很感兴趣的游戏。

单腿站立

对于那些刚刚学会站起来走路的孩子来说，这是一个巨大的挑战。他们可以试着用自己的手臂保持平衡。

练习平衡

对那些正在对平衡发生兴趣的孩子来说，每个树桩和人行道边缘都在召唤他们去练习平衡术。我们要做的就是帮助他们，并在他们倒下时保护他们。

弹珠管的平衡原理

当弹珠快速地从一端滚到另一端时，平衡的原理就被发现了。

终身游戏，终身学习

在进行基础游戏活动时，孩子通常会全神贯注。重要的是，父母要记住，并不是所有的孩子都会经历所有的游戏阶段。基础游戏活动有助于我们观察和理解幼小的孩子。不过，这些游戏并不是按照书中的顺序出现在孩子身上的，父母也不必遵照本书顺序来引导孩子。

实际上，我们也不可能孤立地观察某一个游戏活动。单个游戏活动中的元素往往会和其他活动有所关联。

孩子推着装了娃娃的童车穿过房间，绕着桌子转圈，就是同时经历了运输（推着车在房间移动）、旋转（绕着桌子做转圈运动）和连接（娃娃装在车里）。

当然，特定年龄段的孩子，更可能会对某种游戏行为有明显的偏好。例如，1岁到1岁半孩子的典型活动就是运输东西。

对2岁半以上的孩子来说，离心力是他们最感兴趣的。而对于正在学习走路的孩子来说，平衡是最重要的主题。

父母可以通过孩子的反应和行为，来改变房间里的家具和提供的材料，以便顺应孩子的发育阶段。

孩子的基础游戏活动不能被压抑，这是孩子天性的一部分，所以我们应该支持孩子。孩子将从中学习到关于世界的重要事情，并为以后的生活打下基础。

当然，孩子不会因为已经学到了自己想知道的东西，就停止某种玩耍行为，这是再明显不过的，我们从成年人身上也能理解这一点。

以中间夹有奶油的双层饼干为例，很少有成年人只是简单地把饼干一口吃掉，大多数人会自动把饼干分成两层再吃掉。这表明，即使是成年人也喜欢"分离"和"看到表面之下"的主题。

成年人无意识进行的其他活动，也源于他们小时候的玩耍方式。成年人喜欢秩序和对称，着迷于速度，或者扒掉标签来研究瓶子表面，却不知道为什么。

很多理由都表明，我们应该以各种各样的方式来鼓励、促进孩子们的基础游戏活动。

支持你的孩子

　　家长和幼儿园老师最常交流的一个问题是："老师今天和孩子做了什么？"

　　如果对答案不满意，家长们就会彼此交流："我觉得他们今天没有带孩子们做什么事情。"

　　当然，并不是所有的父母都是这样的，但总的来说，我们的社会似乎认为很多事情都要带孩子去"完成"，以至于宝贵的时间就不该浪费在玩耍上。

　　然而，让孩子玩本书中设定的这些游戏，"行动者"的角色就要倒过来了。孩子去"行动"，而家长或老师则要找到一种方法参与其中，并保证孩子能得到他们所需的材料。

　　基础游戏活动的基本原理就是让孩子在学习中成为行动者，并尽可能地让他们体验这个角色，因为这是他们天性的一部分。可以这么说，这本书的主要内容，简而言之就是：对于年幼的孩子，你要做的就是，不干涉过多，让他们自己做自己的事情，而你则要理解他们在做什么。

　　然而，大家都喜欢做那个"行动者"。对于父母或老师来说，看到孩子充满热情地投入到自己预先准备的活动，会觉得很有成就感。但是，让自己稍稍远离这个"行动者"的角色会更加有益，而且接下来的任务同样重要：作为支持者，尽可能地为孩子们提供材料，重新安排空间，并对孩子们的游戏提出建议，去实现他们的想法；或者是作为参与者参与到孩子们的游戏中——尽管早就知道基础游戏行为中所有问题的答案，但父母仍要满怀热情。因为，没有比一起玩耍更适合去发现、探索孩子的迷人世界了。

"游戏是研究的最高形式。"

——阿尔伯特·爱因斯坦

蒙台梭利万用亲子游戏 02

训练专注力的36种趣味游戏

[德] 安特耶·博斯特尔曼　苏珊·里克特　尼娜·杜布罗　卡罗尔·普珀◎著　林贤聪◎译

养成受益一生好习惯
（1—3岁）

ZHEJIANG UNIVERSITY PRESS
浙江大学出版社

序言

亲爱的爸爸妈妈们：

你们是否常常苦恼于让孩子玩什么样的玩具呢？

当孩子还是婴儿，或者只有一两岁大的时候，我们很难通过语言与他们沟通，这就意味着孩子们还听不懂大人们的教育。他们宛如一张白纸，对这个世界的运行机制充满了好奇。但是，这时候的他们无法提问，更无法通过读书去学习，他们只能通过触摸和摆弄身边的事物来了解世界的运行机制。

孩子们一旦知道了某种运行机制，就会带着疑问去尝试理解它们。例如，布是柔软的，与其他物体碰撞时不会发出声音，而且人们可以毫不费力地移动它。通过观察成人，孩子们可以发现布的多种用途，比如擦鼻子、擦鞋子，以及擦杯子和盘子。然后，孩子们就会想知道这块布触摸起来是什么感觉，他们会调动全部的感官来理解它。

婴幼儿们会对主导世界运行的机制表现出极大的兴趣，他们非常想弄清楚生活中的日常用品都有哪些用途。这就是他们对商家们制作的玩具并不怎么感兴趣的原因。许多父母和幼教知道小家伙们想要什么，所以他们会想出一些不错的创意，然后自己动手制作一些玩具，让小家伙们更好地理解世界。

　　提出创意，找一些合适的材料，并制作出真正吸引孩子的玩具，这绝非易事。完成这项极具挑战性的任务，其实是婴幼儿教育的重点。本书作者之一苏珊·里克特认为："提出创意、完成创意、完善创意，是开发新玩法的三个步骤，更是任何教育工作都应当遵循的三个步骤。"

　　本书提供了许多新的创意和建议。我们相信，书里提出的这些创意和建议一定能给各位爸爸妈妈带来巨大的帮助。

　　同时，我们依然期待收到你们的反馈、想法和建议。

目 录

导言

理解孩子们的行为

　　家庭教育，以及托儿所和幼儿园的教育活动通常始于观察孩子和孩子们感兴趣的活动。经过练习和实践，理解孩子们的行为会变得很轻松。像"基础游戏活动"这样的分类体系就可以帮助大人理解孩子们的一些行为。这很重要，因此我们强烈推荐各位使用这个体系来对观察到的婴幼儿行为进行分类。

　　如果看到1岁左右的孩子把一些物品搬来搬去，或扔得到处都是，又或者四处跑动，我们可能会觉得场面有些混乱。假如他们多次爬到椅子上，并直直地从椅子上跳下去，大人们肯定会认为这简直是乱来，甚至将这种行为看作一种坏行为。但是，大人们的这种分类方法并不高明。

　　父母必须理解"基础游戏活动"的分类方法，并熟知什么样的挑战性活动才可以帮助孩子顺利地迈向下一个成长阶段。

　　例如，西奥是一个14个月大的孩子，他喜欢给物品分类。不管何时，只要面前出现了某些物品，比如木塞或盖子，甚至石头，他都会给它们分类。西奥的父母非常认真地观察他，他们发现西奥会沉浸于寻找大小相似的物品。而等他学会把大东西分成一堆，把小东西分成另一堆后，西奥父

母又开始引导孩子按照颜色分类。他们给西奥准备了10个大小一样的彩色木塞（5个红色，5个黄色）。西奥能否注意到两种木塞的差异呢？

　　这听起来很简单，却有着非常重要的意义。只有学会了区分不同的事物，孩子们才可以顺利地迈向下一个成长阶段。父母和幼教们都应当学会观察孩子的行为，并思考接下来应该给孩子安排什么样的挑战，以及让孩子玩些什么东西，或者做些什么样的游戏。在玩耍的过程中，孩子们自然会向我们证明一个游戏创意是否有用，以及这个游戏创意是否应当抛弃或改进。孩子们常常会自己想出一些独特的游戏创意，以及与玩具互动的方法。到了这个阶段，父母就可以思考如何更进一步完善或调整玩具，以更好地适应孩子们的成长。正因如此，我们才在这里特意强调了密切观察婴幼儿行为的重要性。只有这样，我们才能在孩子们成长的过程中给予最恰当的支持。

　　很多父母会发现，这绝非易事。大人们早已经忘记自己小时候是如何探索世界的。我们一旦开始脱离尿布，就会很快成长，并认为一些事情是理所当然的，比如物品会垂直下落，离心力会让物体飞出去，物体的碰撞会发出声音。

　　大一些的孩子，或者成年人，心中都有一幅图。这幅图清晰地描绘了世界是如何运行的，我们应当如何处理不同的物品，不同的物品有哪些不同的特征，以及这些物品有哪些用途。他们很难想象婴幼儿竟然还须慢慢地探索和理解这些事物。因此，父母找到手工材料，并利用空闲时间制作玩具，是一件非常有意义的事情。这不仅有助于制作出足够多的玩具，用来帮助孩子们成长，更有助于帮助父母了解孩子们正处于哪一个成长阶段，以及孩子们需要什么。

　　事实上，在家里手工制作玩具并不会占用太多时间，而且益处多多。每一位爸爸妈妈都应当学习婴幼儿是如何游戏的，并了解孩子们需要什么样的游戏工具。对于父母来说，这种学习也是一份宝贵的经历和体验。

行为主题	可能出现的行为
运输	把积木、毛绒玩具或其他物品从房间一角移动到另一角，或者移动到小车上，又或者移交给其他孩子。
遮盖	把自己或其他物体裹在毯子里；套上好几层衣服；给一张图涂上不同的颜色。
下落	把桌子上的物品推到地上；对水龙头和流水表现出很大的兴趣；让沙子从指间滑下。
旋转	入迷地坐在洗衣机前，看着滚筒一圈又一圈地转动，爱上滚筒旋转发出的声响。
连接与分离	先用沙子堆一个沙堡，或者用积木搭一列火车，然后亲手摧毁。
变换位置	爬到台上、椅子上、沙发上，或躺在地板上、床底下。
封闭、包围	在自己四周造一圈围栏并在其中玩耍，或者寻找一个角落或凹陷之处在那坐着或玩耍。
分类	根据物品特征分类，把特征相近的物品摆放在一起。
隐藏	玩躲猫猫；藏在某样东西的后面，或毯子下面。

提示

在孩子成长的过程中，我们可以做什么？

每天观察一下孩子

记录孩子们正在做的事情，比如，马克斯正在堆积木，丽莎说了"汽车"，里昂正在按照大小给软木塞分类，埃米尔正在往房间角落里搬毛绒玩具。

阅读你的笔记

根据游戏类型、语言水平和社交水平为孩子们安排活动。比如，堆积木是一种创造与转换，词语"汽车"表明一种概念，分类是一种基础游戏活动，而埃米尔则非常享受运输的乐趣。

辨别孩子的行为并分类

哪个孩子在分拣物品？哪个孩子在搬运物品？哪个孩子能说一两个词语？

思考给予孩子哪种挑战

像马克斯这样喜欢堆积木的孩子就需要可以搭建不同事物的玩具。而埃米尔则需要背包和运输工具来运输物品。对于丽莎这样的孩子，我们可以给她更多的图书，鼓励她说出稍长一些的句子。

弹珠快跑
——探索重力和离心力

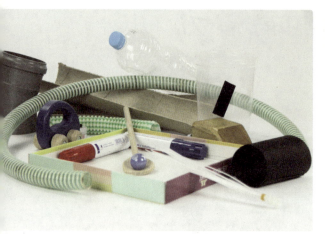
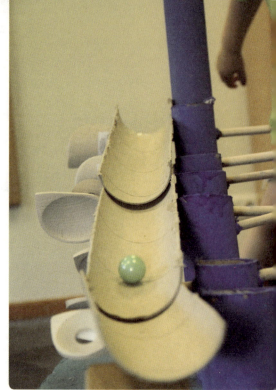

孩子们要做什么

　　弹珠快跑可以有多种玩法。我们可以滚动弹珠，让弹珠在地面上滑行，或者看着它们掉落。

孩子们可以探索和学到什么

　　物体下落生动地演示了重力法则；而当物体旋转时，离心力又开始发挥作用。弹珠在滚动的过程中可能会消失，并在结束的时候出现——它们一直存在着。婴幼儿会对弹珠快跑游戏非常感兴趣，因为它通过多种方法向孩子们生动地演示了主导世界运行的物理法则。

更多形式

　　在准备弹珠快跑游戏的轨道时，可以有很多种形式，比如把硬纸筒一个一个地连接在一起，或者让弹珠在橡胶管道中滚动。

　　我们还可以把透明的塑料瓶连成漏斗状，让弹珠从其中向下落。

　　如果把硬纸筒放置在硬纸箱内，那么弹珠就会在滚入纸箱的时候消失，然后出现在纸箱的另一边。

　　此外，还可以在鞋盒的盖子上用胶带粘上硬纸条，做成障碍和通道，然后用手托着盒盖，让弹珠在里面滚动。

警告

　　我们只能使用大号弹珠，弹珠的直径不得小于5厘米。

　　绝对不能让弹珠在高于孩子的地方滚动。弹珠一旦掉落，可能会引发意外。

弹珠快跑

你需要准备：

几个透明塑料瓶

魔术贴

一块大的硬纸板或木板

杯子

篮子

大号弹珠

纸胶带或布胶带

砂纸

透明胶带

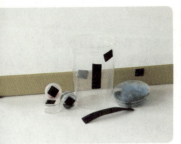

怎么做

准备一块100厘米×50厘米的硬纸板（或木板），把它固定在墙上。

把魔术贴随意地粘贴在硬纸板（或木板）上，形成一条斜线。

剪掉塑料瓶的瓶底（有时也要剪掉塑料瓶的瓶口）。注意：剪掉瓶底之后，如果塑料瓶的边缘过于锋利，就要用纸胶带或布胶带粘住，或者用砂纸把边缘磨平整。

然后，我们将得到一些有狭窄开口的漏斗和管道，以及一些没有狭窄开口的漏斗和管道。

接下来，先把几个塑料瓶插在一起，然后用胶带粘结实。我们必须确保塑料瓶的开口足够大，好让弹珠能顺利通过。

下面，就把大小合适的漏斗、杯子，以及我们亲手制作的管道（每个管道上都有魔术贴）放在一个篮子里，让孩子们用它们去做游戏吧。

纸筒飞车

你需要准备：

几个直径至少为10厘米的长硬纸筒（最好是快递用的纸筒）

3～5个直径大于15厘米的短硬纸筒

纸胶带

剪刀

锯

钻孔器（最好是手钻）

几辆木制的玩具小车

几个木勺

一块厚实的硬纸板

怎么做

　　将又短又宽的硬纸筒切割成不同长度的若干个纸筒。然后，把它们竖起来，牢牢地粘在硬纸板上。注意：婴幼儿个头矮小，所以纸筒竖起来时不得高于70厘米!

　　接下来，先在竖着的纸筒上钻孔，然后把木勺插入孔中，并粘贴牢固。此时，纸筒上相邻的木勺高度应当是递减的。

　　下面，我们把剩下的硬纸筒锯成两半，并把它们分别固定在硬纸筒上插着的木勺的左右两侧。最低处的硬纸筒应当与地面相连。

　　然后，把玩具汽车放在最高处的纸筒上。我们须确保地面上有足以让小汽车滑行的空间。

　　赶快让两辆小汽车同时从左右两边的轨道滑下吧，看看哪边的速度更快!

弹珠去哪儿了

你需要准备：

一个又粗又结实，且长度不超过80厘米的硬纸筒

一个直径为2~3厘米的橡胶管

大号弹珠

杯子

剪刀

胶带

一块厚实的硬纸板或木板

怎么做

把硬纸筒竖起来，固定在硬纸板或木板上。

把橡胶管缠绕在硬纸筒上，并把杯子放在橡胶管出口处。

让弹珠从橡胶管中滚落。说不定，这个弹珠会刚好落在杯子里呢！

它们在哪儿

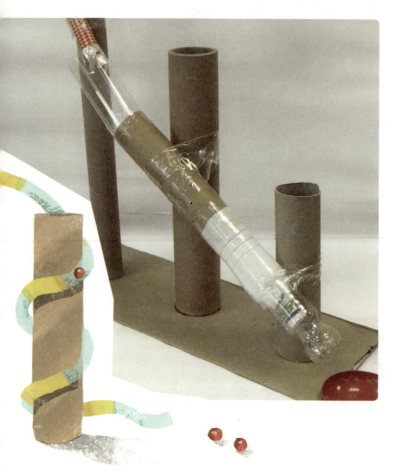

你需要准备：

3个长度分别为30厘米、50厘米和80厘米的又粗又结实的硬纸筒

1根直径为2~3厘米的不透明橡胶管

各种硬纸筒

剪刀和小刀

胶带

厚实的硬纸板

几个透明和不透明的塑料瓶

小铃铛、金属箔片或小金属片

碗

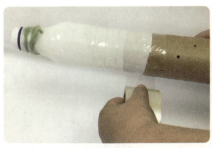

怎么做

把（长度分别为30厘米、50厘米和80厘米的）硬纸筒竖起来，分别固定在硬纸板上。

在其他的一些硬纸筒和不透明橡胶管上钻几个小孔。这些孔的直径应当小于弹珠的直径。其余的纸筒等无须钻孔。

把这些硬纸筒、塑料瓶和橡胶管连起来，斜着固定在竖着的几个硬纸筒上，形成一个连续的管道，让弹珠等物品可以从其中滚落。

把小铃铛，以及可以发出声音的金属箔片或小金属片以一定间隔放入不透明的管道内。这样一来，无论能不能看见这些物品，孩子们都可以听到它们经过时发出的声音。

当它们经过透明的管道或小孔时，孩子们可以看见它们在哪儿；当它们消失在不透明纸筒内时，孩子们则可以凭借声音确定它们的位置。

坡道赛车

你需要准备：

一块硬纸板

几个非常厚实的硬纸筒，用于制作架子

几个普通的硬纸筒（最好是快递用的纸筒）

剪刀

胶带

一块厚实的硬纸板

几个木勺

玩具小汽车

积木

怎么做

先将非常厚实的硬纸筒竖起来，固定在硬纸板上。然后在纸筒上钻孔，并将木勺插入孔中固定。我们可以多钻一些孔，以方便调整木勺的高度。

接下来，把普通的硬纸筒切割成两半，利用木勺把它们固定在架子上，形成一个可以让小汽车跑起来的斜坡。

同时，使用厚实的硬纸板和积木制作一个短的坡道。当小汽车沿着硬纸筒向下滑行至坡道时，这个坡道可以让小汽车飞到空中，并最终落在地板上。

赶快开始游戏，看看哪一辆小汽车跑的距离最远吧！

由于孩子们还小，所以坡道上一次只能允许一辆小汽车行驶。然后，只要使用定位胶带在小汽车落地的位置做一个记号，就可以跟孩子们一起讨论哪辆车跑得远，哪辆车跑得近了。

我们还可以通过调整木勺来控制小汽车的下落势头。

掌上的弹珠快跑

你需要准备：

鞋盒的盒盖

3个大号弹珠

胶水

硬纸条

颜料

怎么做

将硬纸条粘在盒盖上，制作一个迷宫，可以多做几个出口。

标记起点、终点，以及每一种可行路线。我们可以使用不同颜色的记号来做标记。

通过倾斜盒盖，孩子们可以让弹珠在不同的轨道里滚动，并最终走出迷宫到达终点。

对于年龄稍大的孩子，我们可以做一些改变，比如使用超大盒盖，由几个孩子齐心协力，共同举起和倾斜盒盖。

循环供水装置

你需要准备：

塑料筐

透明和不透明的塑料管

尼龙扎带

漏斗

塑料瓶

灰色的排水管

水桶

怎么做

把塑料筐竖着放好，使用尼龙扎带将它们绑在一起。

把橡胶管、漏斗、排水管和用塑料瓶做成的水漏全都固定在竖着的塑料筐上。

孩子们可以使用水桶装水，并把水倒进这个供水装置。

管道的终点处也应当放一个水桶，这样一来，就可以方便孩子们把水重新收集起来，再次倒入供水装置了。

感觉瓶
——探索更多物理法则

孩子们要做什么

感觉瓶可以用来验证各种物理法则，连婴儿都会对它产生极大兴趣。

当宝宝学会握东西的时候，我们就可以让他们尝试接触感觉瓶了。小的瓶子更容易被宝宝用手握住。这些瓶子里通常装有液体和一些其他物品，物品会在瓶子里沉沉浮浮。他们可以摇晃瓶子，反复地观察这种现象。

如果在瓶子里装入硬物，还可以在摇晃的时候听到声音。我们还可以将两个瓶子连接起来，形成一个水漏，向孩子们展示一下精彩的自由落体现象。

只需旋转或者摇晃瓶子，其中的物体就会动起来。

孩子们可以探索和学到什么

物体下落生动地演示了重力法则；而当物体旋转时，离心力又开始发挥作用。而且，孩子们会发现，他们的行为能够改变身边的一些事物。这可以帮助孩子在成长的过程中形成一个重要认知：我可以影响周围的世界！

更多形式

　　感觉瓶可以有无数种不同形式。我们既可以装入闪闪发光的装饰物，也可以装入小扁豆之类的东西。

　　我们还可以把管道藏在瓶子里，或者在较大的瓶子里放入小一些的瓶子，甚至还可以在瓶子里装入一些玩具角色，来演哑剧。

警告

　　感觉瓶的密封性很难达到法定安全标准。因此，这些手工玩具只能短期使用。我们必须在游戏前检查感觉瓶的密封性。请不要让孩子玩没有经过检查的瓶子，并及时更换新的感觉瓶。

　　我们在密封瓶子的时候，可以使用热熔胶（HMA）或更好的强力胶。在使用胶水的时候，要保证瓶子和盖子已经完全干燥。

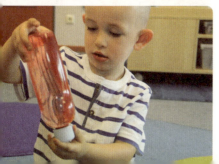

小手握小瓶

你需要准备：

几个100毫升或更小的塑料瓶

水

食用色素

闪光物

小珠子、裁剪好的图形等

强力胶

怎么做

往瓶子里装满放了色素的水，并放入小珠子等。然后，使用强力胶密封。

通过翻转、滚动或摇晃瓶子，孩子们会发现：自己可以对周围的事物造成影响。

更多形式

如果往瓶子里装入谷物、豆子或粗面粉等可以发出声音的物品，就会发现每个瓶子的声音都不相同：装有闪光物的瓶子几乎没有声音；装有粗面粉的瓶子声音很轻；装有豆子的瓶子声音最大。

如果向水里添加不同重量的物品，比如弹珠、螺丝或轻质珠子，孩子们还可以观察到它们的下沉速度各不相同。

合二为一

你需要准备：

一个容量不超过250毫升的透明塑料瓶

一个直径与瓶盖相等、透明且可密封的小塑料管

软木塞

双面胶

食用油、水

彩色颗粒物、粗面粉和玉米粒

强力胶

 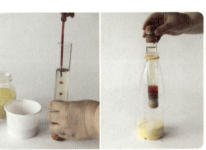 

怎么做

先在塑料管里一半注入水，一半注入油，然后，放入彩色的颗粒物/粗面粉/玉米粒，并用软木塞密封好塑料管。

将塑料管插入塑料瓶中，并用双面胶将塑料管固定在瓶口。同时，用强力胶把瓶盖粘住，密封好瓶子。

转动瓶子，就可以看见瓶子里的不同物体在朝不同方向移动。

颗粒物会一边发出声音，一边快速向底部下落。同时，油则是安静而缓慢地上升。

瓶子里的螺母

你需要准备：

一个250毫升的塑料瓶

螺母

螺旋状吸管

水、食用油

强力胶

怎么做

把螺母套在螺旋吸管上放入瓶中。吸管必须够长，足以伸到瓶口。但是，如果吸管过长，就要剪掉多余部分。

然后，往塑料瓶里注入水或油，用强力胶把瓶口密封好。

这时，孩子们会惊奇地提问："为什么摇晃或者旋转塑料瓶的时候，螺母会旋转和下落呢？"

小小魔法瓶

你需要准备：

一个250毫升的透明塑料瓶

食用油

水彩画颜料

强力胶

怎么做

往塑料瓶里倒满油。然后滴几滴颜料进去，再用强力胶把塑料瓶密封好。

当静止不动时，这个瓶子看起来非常普通。但是如果轻轻地摇一下，彩色的泡泡就会在瓶中起舞。

这种瓶子还可以起到静心与专注的效果，因此甚至连许多成年人，都会给自己做一个这样的魔法瓶。

瓶中哑剧

你需要准备：

一个容量在250毫升以上的透明塑料瓶

彩色泡沫垫、毛毡或硬纸板

胶水

小木棒

手钻

强力胶

怎么做

使用泡沫垫、毛毡或硬纸板制作一个玩偶，并把它固定在小木棒上。然后，把玩偶放进塑料瓶里。

在瓶盖上钻一个孔，孔的直径应当与小木棒的直径相同。然后，让小木棒穿过孔，并使用强力胶把瓶子密封好。

只要移动小木棒，瓶中的玩偶就会动起来。

我们还可以多制作几个不同的角色，把它们放在不同的瓶子里，然后指挥这些玩偶唱一首歌，或者讲一个故事。

更多形式

还可以在瓶子的背面贴上一幅画，这样玩偶就可以在某种背景前动来动去了。

魔法罐
——物体是永恒存在的吗

孩子们要做什么

罐子非常有趣，里面藏着各色各样的东西。我们不仅可以放东西进去，还可以从里面拿东西出来。大部分罐子是圆形的，所以它们非常容易滚动，而滚动会让罐子里的东西东摇西晃。

孩子们会对罐子非常着迷，因为他们看不见里面藏着什么样的东西。婴幼儿经常会做一些实验，尝试弄明白隐藏在某个东西里的物品究竟是否依然存在。这也是他们喜欢玩躲猫猫的原因。因为玩躲猫猫的时候，大人们经常会藏在一块布的后面，然后突然探出头来。

小孩子会把东西打碎或撕裂，来查看那些从视野中消失的事物是否还存在。科学家们将这种行为称为"确认物体的恒存性"。

孩子们可以探索和学到什么

孩子们可以学会理解这个世界。他们会明白，无论他们能否看到，这个世界上都一直存在着许许多多的事物。这种基础体验有助于培养他们的空间感、方向感和想象力。

更多形式

我们可以使用罐子制作许多不同的玩具。毕竟，不管罐子里有没有东西，孩子们都喜欢摆弄罐子。

本章将主要介绍一些与罐子有关的有趣现象，比如有些罐子并不会一直滚动下去，而有些罐子里装满了有趣的东西。

警告

如果罐子里注满了水，就必须密封好，以确保安全。此时，我们最好使用强力胶。

另外，罐子开口处的边缘通常会比较锋利，因此在给孩子玩之前，必须先进行检查。

如果想要把东西藏在罐子里，就得在盖子上开一个孔或一条缝。在开孔或缝的时候，注意不要让孔或缝的边缘太锋利。

螺旋罐

你需要准备：

一个透明的塑料罐

彩色的毛根条

南瓜子

葵花子

扁豆

强力胶

怎么做

把毛根条弯曲成螺旋状，放进罐子里。然后，往罐子的底部装入4厘米厚的南瓜子，合上盖子。

当孩子滚动或摇晃这个罐子的时候，南瓜子就会起起落落，其中一些南瓜子会卡在螺旋状的毛根条上。

如果想做一个对照，就要另外准备两个罐子，一个放入葵花子，一个放入小扁豆。毛根条会向我们展示不同的种子在下落的过程中有何不同。

摇一摇，找一找

你需要准备：

一个透明的塑料罐

大米、面粉或者豆子

小玩具

强力胶

怎么做

先在罐子里装满大米（或面粉、豆类），然后把一些小玩具放在大米（或面粉、豆类）里。

轻轻摇晃罐子，隐藏的小玩具就会出现在表层。

如果孩子非常小，可以每个罐子中只放一个玩具。

这些小玩具可以是木头或塑料做成的动物、迷你玩偶或小汽车。

球球泡泡

你需要准备：

一个透明的塑料罐

一个透明的塑料球（塑料球的直径应当小于塑料罐）

闪光物、小星星

食用油

强力胶

怎么做

先在塑料罐里装满油，然后把闪光物和小星星放入塑料球并密封好，接下来把密封好的塑料球放入塑料罐。

孩子们会旋转罐子，尝试着控制塑料球的运动，但塑料球总是会浮在塑料罐的上方。

当塑料球撞到了塑料罐的底部时，孩子会感受到震动。

神奇的不倒翁

你需要准备：

一个又大又扁的圆形饼干罐

一个螺丝钉

万能胶

强力胶

彩纸

颜料

怎么做

把螺丝钉固定在罐内，然后密封好。

当孩子们滚动这个罐子时，他们会发现这个罐子不像其他罐子一样会一直滚动，而总在重心处停下。

我们可以使用彩纸覆盖住罐子，并在罐子的重心处涂上颜色，如涂成一块蛋糕的形状（扇形）。

躲猫猫的罐子

你需要准备:

一个带塑料盖的空咖啡罐

剪刀

窗帘环

软木塞

大号弹珠

卷发筒

丝巾（或类似东西）

双格的分格托盘

怎么做

先把罐子放在托盘的一边，然后在它的盖子上开一个孔或一条缝。这里的孔或缝是用来往罐子里放小物件的，所以要能够容纳得下那些小物件。

把小物件放在托盘的另一边，让孩子们坐在地板上或桌边，把托盘放在他们面前。

小孩子们自然就会通过孔或缝，把小物件放入罐子。当所有的物品都消失时，打开罐子，给孩子们一个惊喜，让消失的东西重现。

哪两个声音一样

你需要准备：

看年龄准备4～8个盖子可以拧下来的小塑料容器

各种不同的物品：沙子、扁豆、小钉子、棉绒

丙烯颜料

热熔胶

怎么做

用颜料给塑料容器染色，使它们看起来差不多。

每两个容器中放入相同的物品，然后拧上盖子密封好。

摇晃容器，让孩子们分辨容器里装的是什么，并找出装有相同物品的另一个容器。

一旦孩子们给出了答案，我们就可以打开盖子，向孩子们揭示里面装的是哪种物品，并告诉他们这些物品的名称。

发光的"刺猬"

你需要准备：

带盖子的咖啡罐

灯（比如袖珍手电筒或
彩色小灯）

手钻

彩色临摹纸或透明纸

怎么做

准备材料的时候，先在咖啡罐上扎出或刺出各种大小不同的小孔。

我们应当事先分别在房间的明亮处和黑暗的角落里，向孩子们展示手电筒的灯光。这样一来，孩子们就会发现，在黑暗的环境下，灯光看上去更明亮。

接下来，把手电筒放入咖啡罐。当光线从咖啡罐的小孔中射出时，咖啡罐就会看上去宛如一只会发光的刺猬。

如果我们把彩色的临摹纸或透明纸粘贴在这些小孔上，这只"刺猬"就会发出彩色的光线。

各种分类托盘
——练习灵巧度与组织能力

孩子们要做什么

托盘为游戏任务限定了一个空间。我们须提前准备好游戏材料，以方便孩子们搞明白自己该做什么。这个简单的基本原则是由玛利亚·蒙台梭利提出的，它可以让孩子们感受到刺激，并在限定空间里主动地自我学习。

只要给孩子准备一个托盘，孩子靠直觉就可以知道要怎么做。他们会从架子上拿下托盘，坐在桌边或地板上，开始游戏。

这里即将介绍的游戏可以锻炼孩子们的小肌肉运动技能[1]。主要的游戏活动包括"连接与分离"，或者称为"变形"。如果活动涉及分拣物品，那么孩子们还可以同时练习"组织能力"。

---

[1] 小肌肉运动技能：又称精细动作能力，如绣花、织毛衣、写字等。它主要依靠腕关节和手指的运动，还依赖于稳定的心境、持久的毅力及某些特定的性格特征。

孩子们可以探索和学到什么

孩子们可以学习如何去理解这个世界。通过对物品进行组合，他们会发现，自己可以创造出新东西。他们不仅可以用沙坑中的沙子建造一座沙堡，把头绳套在细管上，或者用珠子串成一串项链，还可以反过来把一座沙堡变成一粒粒沙子，把一串项链拆成一颗颗珠子。

孩子们一般通过两个步骤去学习组合事物。大多数情况下，我们都是让孩子们处理颜色组合问题。对于幼儿来说，他们通常可以认识这些颜色并说出它们都是什么颜色。

更多形式

这种游戏还可以有无数的不同形式，比如给小盒子或彩泥分类，或者把不同的东西（如彩色珠子）组合起来。

警告

通常来说，本书游戏中用于固定的木棒等都会比较长。哪怕我们用的是圆头的粗木棒等，孩子们也依然有可能在使用过程中受到伤害。因此，最好让孩子们坐在一张桌子旁，在托盘上玩这些东西。

敲钉子

你需要准备：

一个硬纸筒

彩色塑料钉

手钻

木槌

双格的分格托盘

 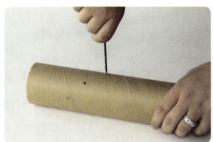 

怎么做

先在硬纸筒上钻几个小孔，然后把硬纸筒放在托盘的其中一个格子里，把彩色的塑料钉和木槌放在另一个格子里。

孩子们会使用木槌，把彩色的钉子敲进硬纸筒上的孔里。在这个过程中，他们必须控制好敲击力度。如果敲得太轻柔，就无法把钉子钉在硬纸筒上；而如果太用力，那么钉子又会完全落入硬纸筒里。

更多形式

用与钉子一样的颜色，在小孔的周围画个圆圈。

这次，孩子们就可以用木槌把钉子准确地敲进与其颜色相同的小孔里了。

彩球树

你需要准备：

厨房用的木制卷纸架

圣诞节装饰用的塑料彩球

剪刀

手钻

纸胶带或布胶带

砂纸

怎么做

如果厨房用的木制卷纸架太长,我们可以把它锯短一些,然后用砂纸把它的边缘磨光滑。

接下来,在彩球的两端钻孔,并使用剪刀把这些孔扩大一些,还要保证两端的孔最终是正相对的。

然后,使用纸胶带或布胶带遮盖住彩球的边缘,或者使用砂纸把边缘磨光滑。

当我们把木制卷纸架和彩球放在托盘上以后,孩子们自然就会把彩球套在卷纸架上,并把彩球从卷纸架上取下来。

投环套物

你需要准备：

一个至少带3根木棒的木架

可以套在木棒上的不同物品，如窗帘环、手镯、小的硬纸筒、大号螺母等

一个托盘

怎么做

把木架和环状物放在托盘上，交给孩子们玩游戏。在摆弄托盘中的物品时，孩子们应当坐在桌边。

把环状物套在木棒上时，年龄小的孩子们并不会讲究顺序，只会专心致志于简单的投环套物游戏。而如果孩子们的年龄稍大一些，可以让他们做一些为物品分类的任务。

如果有3根木棒，那么就提供3种不同的环状物。我们可以先在每根木棒上放一个环状物作为引导，然后让孩子们找出相同的环状物，并套上去。

堆一座塔

你需要准备：

厨房用的木制卷纸架

各种可用于堆叠的日常用品：窗帘环、硬纸筒、钢丝刷、发带、手镯、圆刷、打了结的布条、小圆管等

双格的分格托盘

怎么做

把这些游戏材料放在托盘上的其中一个格子里，让孩子们坐在桌边玩。

小孩子们都喜欢组合物品。他们会抓住一切机会，把物品套在木棒上。如果想给他们一些挑战，可以在托盘上放一些无法套在木棒上的东西，比如软木塞、盖子或细小的管子等。

更多形式

这些游戏材料也可以放在篮子里。

我们要事先把用来套在木棒上的游戏材料放在一个篮子里，然后把木棒放在准备让孩子们玩游戏的位置。这里的木棒还可以用细长的橡胶管或硬纸筒来代替。

注意：不能使用细线，对于小孩子来说，它太细了。

分类盒

你需要准备:

一个白色的鞋盒

丙烯颜料

彩色木棒

手钻

胶水

托盘

 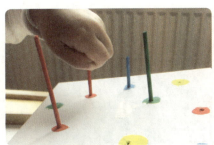 

怎么做

在做这个游戏之前，要先处理一下鞋盒。

首先，用胶水把盒盖与盒身粘牢固，然后在鞋盒的侧面做出一个可以翻起来的开口，以便我们在必要的时候通过这个开口取出其中的物品。

接下来，在盒盖上涂色，并使用手钻在涂了颜色的地方打孔。

完成上面的步骤之后，把鞋盒和彩色木棒放在托盘上。

孩子们可以根据颜色做游戏，把彩色木棒插在与之颜色相同的孔里。一旦他们成功地找出了所有的孔，就可以按照颜色，用手把木棒摁进鞋盒里。然后，让孩子们打开鞋盒侧面的开口，从中取出木棒。

找相同

你需要准备：

一个托盘

几块颜色不同的彩泥

一些气球杆

一些彩色的毛根条（颜色
要与彩泥相同）

怎么做

使用彩泥把气球杆固定在托盘上。

把毛根条拧成圆环。

让孩子们根据颜色，把圆环套在相应的气球杆上。

彩色的星星

你需要准备：

一个托盘

一个星形的巧克力盒（还可以使用其他形状的盒子，只要盒子里的凹槽是圆形的就可以）

丙烯颜料

一些彩球

方糖钳

怎么做

给巧克力盒的内侧染上颜色。

每个模块的颜色应当有所不同，而且要与彩球的颜色一一对应。

把盒子、彩球和方糖钳放在托盘上。

孩子们自然会用方糖钳把不同颜色的球夹起来，放在颜色与之相同的凹槽里。

有趣的纸筒

你需要准备：

一个硬纸筒

布

木棍

丝巾

丙烯颜料或彩纸

胶水

剪刀

手钻

怎么做

把硬纸筒的外侧涂上颜色，或者用彩纸包上。

在纸筒上钻几个直径不超过5毫米的小孔。我们可以借助手钻轻松打孔。

孩子们可以尝试着用丝巾穿过纸筒，利用布、木棍、胶水等把纸筒打扮成一个有趣的人物形象或其他事物。

怪物筐

你需要准备：

一个沥水用的塑料筐

彩色的毛根条

一个托盘

怎么做

　　将沥水用的塑料筐倒过来，与毛根条一起放在托盘上。

　　孩子们会用毛根条穿过塑料筐的孔。这样一来，塑料筐上就宛如长了头发一样！

　　当毛根条穿过塑料筐之后，我们还可以把毛根条拧弯，并重新穿过塑料筐，然后打个结。

自制游戏垫
——感官体验和平衡练习

你需要准备：

热熔胶枪	环状物	木棍
垫子	七叶树果实，或其他类似果实	沙袋和面粉袋
各种海绵	石头	
管子	凝胶圆球	

孩子们要做什么

　　婴幼儿是感官生物，喜欢用自己的身体感受眼前的世界。他们常常调动各种感觉器官去感受、舔舐、触摸和品尝这个世界。

　　本章将展示孩子们是如何用他们的脚来探索和感受事物的。孩子们将赤脚走在各种事物上，用身体感受物体的触感，并在高低不平或光滑的地面上学着保持平衡。

孩子们可以探索和学到什么

　　用双手触摸事物时，我们会得到某种感受。那么，用双脚触摸事物时，我们会得到同一种感受吗？

　　当孩子们踩在不同的物体上，感受它们的光滑或粗糙、坚硬或柔软、冰冷或温暖时，他们就会懂得各种物体的不同之处。

更多形式

　　游戏垫和脚垫可以让孩子们用双脚感受世界。我们可以使用各种材料来制作它们。如果在户外，可以使用稻草、石头、松果来制作。如果在室内，可以使用各种布料和物品来制作。

警告

　　使用的材料绝对不能有伤害孩子的风险。

　　不要使用任何可能刺伤、割伤孩子的物品。

　　对于婴幼儿来说，太滑的材料也不行。

　　应当让孩子自发地走到游戏垫和脚垫上。如果他们不愿意走，那么可以让他们在一旁观看，或者让他们用手去感受。

户外小路

你需要准备：

一些石头、稻草和松果等

几个平底的塑料盒

一些布

尼龙扎带

怎么做

把几个塑料盒放在户外并连接起来，形成一条路。我们要在塑料盒的连接处铺上柔软的布，并使用尼龙扎带把它们绑在盒子上，然后在每个塑料盒里放入不同的材料。

如果塑料盒很轻，它可能会滑动，那就要用尼龙扎带把塑料盒绑在一起。

孩子们可以光脚在这条路上走动。他们可以跟别人分享在不同材料的路面上走路是什么感觉，哪种材料走上去舒服，哪种不舒服。在这个过程中，他们会不断地说出这些材料的名称。

室内小路

你需要准备：

不同面料的布

中空软管

清洁器材

刷子

门垫

砂纸

石头

木棍

尼龙扎带

万能胶

高黏牛皮纸（用于铺在底层）

怎么做

　　先把牛皮纸粘在地上，然后把其他材料固定在上面。固定时，既可以用胶水，也可以缝上去或系上去。

　　孩子们可以光脚在这个垫子上走动。我们应该给孩子充足的时间，让他们在不同材料的路面上行走，并同时说出踩着的材料的名称，这样做有助于加深他们的印象。

　　像这样把听觉与触觉结合起来，能够让孩子们对这些材料形成一种概念，有助于他们在脑海中记住材料的名称。

湿漉漉

你需要准备：

3个平底的塑料盒

水

沙子

玉米淀粉

湿黏土

湿纸巾

尼龙扎带

怎么做

把3个塑料盒放在户外，排成一排。在第一个塑料盒里放入我们准备的每一种材料，并倒入玉米淀粉，混合搅拌成黏稠的糊状。

在第二个盒子里倒入黏土。黏土要非常软，必须保证其中没有成块的黏土，以避免孩子们因此而摔倒。在第三个塑料盒里倒入沙子和水。

出于安全考虑，要在塑料盒的边上铺上布，并用尼龙扎带把它们绑在塑料盒上，这样孩子在滑倒的时候就不会受伤。

在这个游戏中，孩子们应该光着脚，最好只穿尿布。他们会站在塑料盒里，从一个盒子走到另一个盒子里，所以会把材料搞得到处都是，弄得满身脏兮兮的。

注意：塑料盒里不能倒入太多水，几厘米深就好。而且，在这个游戏中，大人们必须全程监护着孩子。

气泡膜

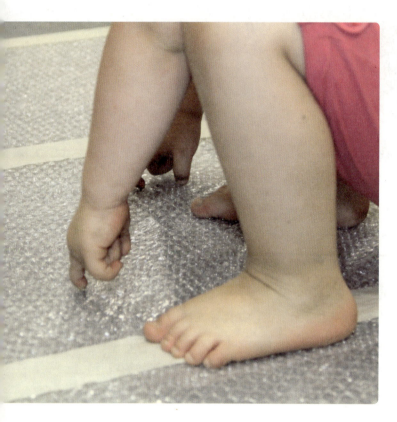

你需要准备：

几大片不同种类的气泡膜

胶带

怎么做

　　把气泡膜铺在室内的地板上并固定。注意：必须确保所有的气泡膜都固定得很好，以防它们滑动。

　　孩子们在探索气泡膜的时候，可以在上面行走，也可以把他们的小车开到上面。

　　当他们在上面玩耍的时候，膜上的气泡会破裂，并发出各种声响。

牛皮纸、锡箔纸和皮革

你需要准备：

厚的高黏牛皮纸

锡箔纸

应急保温毯

皮革

软布

胶带

怎么做

把牛皮纸裁切成几大片，并把不同材料固定在这几片牛皮纸上。

然后，把这些牛皮纸固定在地板上。注意：必须确定所有的牛皮纸都固定得很结实，以避免孩子们滑倒。

当孩子们在上面走动或者开着小车玩耍的时候，可以体会到各种材料给人的不同感受，听到它们发出的不同声音。

活动墙

你需要准备：

一块可以固定在墙上的大木板　　　各种开关　　　　　　锁

灯　　　　　　　　　　　　　　　　水龙头

怎么做

把开关、锁、灯、水龙头都装在木板上，然后把木板固定在墙上。

孩子们要做什么

孩子们要按压开关、开锁或关锁、开灯或关灯。通过这项游戏，他们可以练习不同的动作，因为有些东西要用手按压，而有些东西则要用手拧。

孩子们可以探索和学到什么

通过这项游戏，孩子们会明白大人们每天的日常活动都有哪些意义。

这项游戏还可以同时锻炼他们的灵巧度与小肌肉运动技能。

更多形式

我们可以制作不同的木板，比如在一块木板上装各种不同的开关，在另一块木板上装各种不同的锁。请确保木板上的东西都是比较常见的事物。

警告

务必注意避免受伤！

如果需要钥匙，就把它绑在一根短绳上，并把绳子挂在相应的锁边。

冒险盒

你需要准备：

一个又大又厚实的纸箱

带盖的塑料培养皿

螺栓和螺母

拉链

魔术贴

搭扣

珠子

谷粒

各种（不同弹性和颜色的）透明薄膜

彩色磁盘

螺旋磁盘

手钻

剪刀

万能胶

强力胶

怎么做

首先，确定在纸箱的每一面上分别装什么。然后，在纸箱上开一些口或一些缝，并钻几个孔。

现在，处理一下准备的材料：把彩色磁盘和螺旋磁盘等薄片类的东西粘在纸箱上，或把它们放在培养皿内。培养皿的底部还要钻几个孔。

接下来，处理一下纸箱：用螺栓和螺母把培养皿的底部固定在纸箱的侧面；在培养皿里装入各种材料，并盖上盖子，使用强力胶密封好。

然后，分别在纸箱的另外3个面上安装我们准备装在上面的东西，并用透明薄膜盖住我们刚刚开的部分口或缝。

最后，用拉链把纸箱的顶部封好。

孩子们要做什么

这种纸箱的功能很多，可以用来锻炼各种动作。如果房间较小，可能没有足够的空间用来玩前面介绍的活动墙的游戏，而这个纸箱可以成为极佳的替代品。

孩子们可以在纸箱的不同侧面玩游戏，在摆弄各种物品的时候，他们可以透过开口或缝看到纸箱中的事物发生了哪些变化。

如果孩子们想要打开纸箱，那就必须拉开顶部的箱子拉链。

孩子们可以探索和学到什么

孩子们可以进行各种锻炼，比如练习小肌肉运动技能，探索如何解开尼龙搭扣和拉链等。

更多形式

　　这种纸箱可以有许多变化，比如把刷子、海绵、钢丝刷、洗瓶刷或抹布等粘在上面，使纸箱变成一个感觉箱。

　　我们既可以在纸箱上挂开关和锁，也可以在上面挂杂货店的商品，比如拉链和纽扣。

　　此外，纸箱每一个面上的主题也可以各不相同。

警告

　　我们必须保证孩子的手碰不到小物件，因此要把培养皿密封好，并定期检查这些纸箱。

　　与所有家庭手工制作玩具一样，当这些纸箱逐渐变得老旧，孩子们也会逐渐对它们失去兴趣。这时，就要把这些纸箱从玩具区拿走，放入一些新的玩具。

手摇鼓

你需要准备：

卫生纸卷筒   弹珠   丙烯颜料

两个气球   墙纸胶   剪刀

胶带   裁剪下来的报纸

怎么做

首先，为了让卫生纸卷筒更结实一些，需要先用胶带把卷筒包上几层。如果想做一个特别棒的手摇鼓，就要用墙纸胶在卷筒外再包上几层报纸。这样，卷筒就会变得非常牢固。

接下来，给卷筒染色。

然后，把气球套在卷筒的一端，用胶带固定好，并将一些弹珠放入纸筒，把纸筒的另外一端也用气球包住，用胶带固定好。

我们还可以进一步强化卷纸筒，在它的每一端都套上两个气球。如果气球太大，可以裁剪一下。

孩子们要做什么

孩子们可以摇动这些纸筒，让弹珠在其中上下滚动，发出声响。

孩子们可以探索和学到什么

孩子们会发现，物品动起来的时候会发出声音。所以，在制作手摇鼓的时

候，我们还可以放入其他物品。这样，手摇鼓就会发出不同的声音。

孩子们可以根据听到的声音，分辨其中到底放了什么东西。

如果玩手摇鼓的孩子们比较小，那么每个鼓的颜色都要染得不一样。

此外，我们还可以把鼓中物品的图片贴在鼓的外侧。

更多形式

可以用其他物品来代替弹珠，比如小铃铛、圆石头、螺母或扁豆等。

我们可以控制一下所套气球的松紧程度，因为气球的松紧度也会影响物品发出的声音。

把这些手摇鼓放在篮子或箱子里，然后把篮子或箱子放在房间的中心，让孩子们听一听不同的声音吧。

警告

因为手摇鼓中有些小物件，所以要在游戏前检查它的密封性，看看它是否完好。

预防意外，提供经验

对于游戏材料的安全性，现在的法规越来越严格，但对于3岁以下的孩子，没有哪种材料是绝对安全的。

毫无疑问，对于一个幼小的孩子来说，手里拿着的不管是什么东西，都不可能绝对安全。有些规定不仅显示了大人们对婴幼儿安全的深深担忧，还显示了我们对婴幼儿成长的惊人无知，仿佛我们人类从来没有抚养过婴幼儿一样。它不但没让人们感到安全，反而让父母、幼教及玩具厂商感到了不安。

现在，油漆瓶上会印上一则警告，写着"不适合3岁以下儿童使用"。这并不是因为油漆中含有有毒物质，会对人体健康造成伤害，而仅仅是因为它的瓶盖不够大，不满足关于婴幼儿玩具的尺寸的规定。规定还不允许婴幼儿使用柳条制品玩耍，因为上面的纤维可能会脱落，被孩子吸入。这里列出来的只是几个例子。事实上，有关3岁以下儿童用的游戏材料的限制还有很多。

但是，我们想说："没问题！"

孩子们要具备与日常用品和事物共处的能力，而这些东西无法从玩具店买到。婴幼儿们会调动全身心去探索世界，并用警觉的目光去观察大人们。他们会对大人们的行为进行总结，尝试搞清楚大人们的动作有哪些意义，以及大人们正在使用的物品有哪些功能。毕竟，如果人们不去使用，物品就没有任何功能。

孩子们会想办法把自己和大人们使用的东西联系起来。一旦这些东西到了他们手里，他们就会舔它们，感觉它们，让它们发出声音，并尝试使用它们。有时候，孩子们会把物品藏在孔里或缝里，然后窥视，看东西脱离了他们的视线后是否依然存在。

其实我们不必对游戏材料做如此严厉的限制，而应当让成年人更加了解婴幼儿的行为。因为一旦家长或幼教们明白了婴幼儿是如何探索这个世界的，他们就能更好地防止意外的发生。当然，有一些东西依然是不能让孩子接触的。如果家里有孩子，那么洗涤剂、药品和香烟等，依然应该放在孩子无法触及的地方。

其实，婴幼儿能够听懂大人们说的话。每当孩子进入厨房，我们都可以用"烫"来警告他们不可以靠近灶台。做饭的时候，我们必须阻止孩子靠近灶台，并告诉他们"烫"，这样他们很快就能理解这个词，并学会念它。

而对于还处在爬行阶段的孩子来说，他们在爬上爬下的时候，必须借助他人的帮助才能安全地回到原地。即便学会走路以后，他们还是会攀爬。这种游戏行为可以称为"视角转换"。我们不能阻止孩子在椅子和沙发上爬上爬下。不去尝试阻止他们，才是聪明的选择。相反，我们应当向孩子们展示如何安全地回到地面，让他们知道，屁股着地才是一种安全的落地方法。只要尝试几次，1岁大的孩子就能非常自信地爬上爬下。

婴幼儿还喜欢清空东西，甚至橱柜和手提包都不放过。所以，厨房的塑料容器可以放在下层，而陶器和玻璃器皿应当放在壁挂式橱柜里。手提包里如果有打火机、药、零钱，就一定不能放在低处。不管是家里还是托儿所，都应该这么做。

对安全的担忧甚至影响了我们的父辈，但是如果想保护孩子，支持孩子成长，我们就不能什么事都不让他们尝试，而应当指导他们成长。当我们禁止孩子做某件事的时候，这反而会勾起他们的好奇心与热情。如果想要保护孩子，就必须把危险跟他们解释清楚，允许孩子们自己去体验：让他们摔倒，让他们碰倒某些东西，让他们在柳条筐中被刮伤，让他们被虫子咬，让他们吃一些难吃的东西，甚至放任他们爬来爬去而擦伤膝盖。这些都是孩子在成长的过程中应当经历的事情。有过这些经历的孩子在成长的过程中会更加自信，同时会更懂得如何让自己免遭意外。

因此，利用日常用品和废弃物制作出适合孩子的玩具，对于大人们来说也是非常重要的一件事。通过了解婴幼儿的成长需求，大人们会明白对于孩子来说，重复一些非常基础的动作非常必要，这是他们认识这个世界的重要过程。在这个过程中，大人们可以给他们提供一些有助于他们成长的游戏材料。

但是，对于这些家庭手工制作的玩具，我们必须跟外面的游戏场所一样，定期检查它们，保证它们的密封性，保证它们没有锋利的边缘，没有细小的部件脱落。

致谢

首先要感谢托儿所的工作人员。没有他们的支持，我们就无法对书中内容进行测试，也就无法重新思考其中的内容。

然后，非常感谢那些把孩子交给卡拉克斯托儿所的父母们。孩子们每天都在向我们证明我们的游戏是否有趣，是否有意义，是否实用。感谢你们允许我们对你们的孩子拍照，这些照片让这本书生动了起来。

同样的，是诸位幼教们的支持，让这本书得以出版，谢谢你们。另外，我们还要感谢出版社和编辑们，以及帮助制作道具的罗默一家。

苏珊·里克特希望把这本书献给她的家人。写这本书时，她的家人给予了大力支持。所以，非常感谢奥利、索菲，以及托尔斯腾。

蒙台梭利万用亲子游戏 03

变废为宝的33种创意游戏

[德] 安特耶·博斯特尔曼　米夏埃尔·芬克◎著　林贤聪◎译

日常物品百变手册
（0—6岁）

ZHEJIANG UNIVERSITY PRESS
浙江大学出版社

序言

亲爱的爸爸妈妈们：

你们知道孩子需要什么样的玩具吗？有时候我们为他们准备了很棒的玩具，他们却视而不见。而那些我们认为非常平常的东西，他们有时又会非常感兴趣。

家里摆满了色彩斑斓的玩具，但孩子对这些东西不屑一顾，这种情况会让一些年轻的父母抓狂。

当孩子们在厨房里乱爬乱摸，把橱柜门关了又开，开了又关，或者把燕麦粥洒得到处都是的时候，妈妈们都会感到深深的绝望。

在为本书收集案例的时候，我们决定选择那些孩子日常生活中会接触到的事物，把所有这些吸引孩子的东西，通过简单的方法自制成玩具，然后用这些玩具达到特定的教育目的。

不需要花多少钱，也不用太多技巧，就能制作出合适的玩具——我们的大多数创意都是这样的。

而且，请您放心，我们已经让适龄的儿童使用这些玩具很长时间了，它们的可靠性已经通过全方位的测试得到了验证。

在这个过程中，有些游戏创意被放弃，有些做了改变，还有些经过了改进。我们要向参与这个过程的孩子们表示感谢。

　　提出创意、完成创意、完善创意——这三个步骤不仅适用于游戏玩具的开发，还适用于所有与孩子有关的事情：父母的创意和孩子的玩法相结合，是寓教于乐的最好方式。

目 录

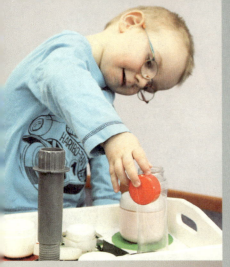

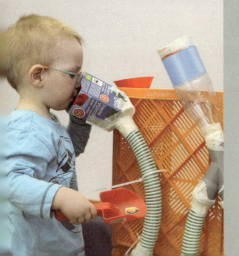

蒙台梭利万用亲子游戏03
变废为宝的33种创意游戏

导言

孩子喜欢玩垃圾？不，是喜欢玩日常物品！

几位访客拜访了一对年轻夫妇的家庭。在这对夫妇家中，他们看见一个刚满周岁的孩子正在垫子上聚精会神地玩一样东西。在玩什么呢？他们的目光落在了一片气泡膜上。他们说："你们居然让你们的孩子玩废旧的包装材料？"

事实上，本书教大家动手制作的"手工玩具"，几乎全都是利用废弃材料制成的。在利用"垃圾"变废为宝的过程中，我们倒垃圾的频率降低了。家人、朋友、同事都好奇我们收集这些垃圾来干什么。毫无疑问，使用废弃物制作玩具会省钱。同时，相信你肯定会产生这种疑问：不让孩子们玩高质量的玩具，而玩这些用废弃物制成的玩具，对孩子们是不是太过分了？

其实我们完全可以换个角度来看待这个问题。孩子们想玩的这些东西，比如空瓶子、盒子，都是他们在日常生活中接触到的东西。五彩缤纷的瓶子、闪闪发光的光盘……他们会被这些大人们用过的东西吸引。

想必我们每个人都有过这样的生活记忆：在我们小时候，奶奶让我们在晾衣绳下玩晾衣篮，或者玩针线篮里的纽扣、厨房里的鸡蛋包装盒。虽然对于成人来说，这些东西非常无聊，但是对于孩子来说，这些东西却极具吸引力。

　　当我们利用这些极其日常的物品制作出玩具，让他们玩的时候，也就等于以一种特殊的方法，让他们参与到我们的世界中来。没错，你也可以用我们大人们的东西！

　　当孩子们把空瓶子、包装物或硬纸板视为废弃物的时候，把这些给他们当玩具是非常失礼的事。但是，对于3岁以下的孩子来说，我们视为废物的东西可能正是他们极其想要的。

　　如果我们能换个角度来审视这些东西，那么可能会有更好的结果。比如，我们可以把那些废弃的包装材料视为"没有特定用途的材料"，虽然这些材料已经完成了它们最初的任务，但是现在，我们可以让它们在其他地方发挥余热。

观察游戏如何进行，并使用这些材料开发更多游戏

　　请细心观察孩子们如何玩游戏，观察他们的一举一动，尝试理解是游

戏中的什么在吸引他们。一个好的玩具要适合孩子的现状。换句话说，如果你给的玩具和孩子们的学习阶段不匹配，那么不管你是用教育学上认可的玩具还是非常原始的自制玩具，都无法保证孩子们能投入地玩这些玩具。

因此，我们要通过观察发现孩子们所处的学习阶段，这非常重要。只有这样，才能给他们提供合适的玩具。

为了更好地认识孩子们在游戏活动中所处的学习阶段，父母要了解几个与基础游戏活动相关的概念。我们对一些孩子们在玩游戏时反复出现的模式进行了归类。比如当孩子们扔东西，或观察水如何滴落的时候，我们就将这种行为归类为"探索下落"。

另外一个经常出现的主题是"运输"。所谓运输，就是使用包或其他运输工具，独自把某些东西从某处运往另一处。一些其他的游戏活动也会被归类为"运输"，比如把一些东西藏起来，把某些东西组合在一起，或者把一些东西拆解开。

带着这些分类概念去观察孩子们的行为，将有助于向他们提供正确的玩具。对于一个喜欢把东西藏到暖气片后面或家具后面的小孩来说，他会喜欢形状分拣类玩具，比如把软木塞或窗帘环塞进盖子上的相应孔洞内。

如果把瓶子和管子连接起来，在其中装入沙子、粗面粉或水，那么制作的东西就能让孩子用来研究物体的下落和运输。

对于不满3岁的孩子来说，这种家庭手工制作的玩具能够以多种方式促进其成长。

变废为宝的原则：这么好的东西不能扔

　　一些东西总能循环再利用，对于那些没有明确用途的玩具材料，我们可以洗刷干净后放在储物柜里。孩子们总会有新的需求，到时候我们就可以把它们拿出来利用了。

　　在瑞吉欧·艾米里亚教育理念[1]中，收集废弃物有一个专有名词，叫"变废为宝"（remida）。其中的mida指的是能点石成金的迈达斯国王（King Midas）。

　　在意大利的瑞吉欧和德国，有很多"变废为宝"的地方，很多社区都有回收中心和存储站，里面有很多"宝贝"。

　　我们不建议你去"捡破烂"，不过你可以在自己家里建一个"回收站"。先收拾出一个储物柜或者储物间吧，这就是一个很好的开始。

---

[1]　这是一种以学生为中心的教育理念，注重让孩子在关系驱动的环境中通过自我导向和体验学习。

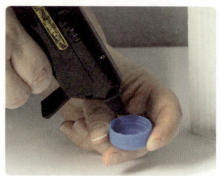

根据我们的经验，我们认为值得收集的东西如下：

- 各种尺寸、形状和颜色的塑料瓶，如饮料瓶、清洁剂瓶、化妆品瓶等
- 带橡胶盖的容器、带旋转盖的罐子
- 硬纸盒、硬纸筒、硬纸棒
- 填充材料，如碎纸和粗面粉
- 气泡膜、空气垫
- 各种类型的管子
- 漏斗、塑料汤匙等廉价的日用品
- 刷子、海绵、梳子
- 软木塞、窗帘环

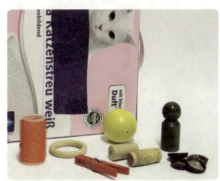

谁来收集这些东西

　　制作玩具是一个非常棒的亲子共处机会，父母可以和孩子一起参与这项活动。

　　不管是使用空的咖啡容器制作形状分拣类玩具，还是把色彩缤纷的物品装进空的塑料瓶，孩子的父母都可以快乐地参与其中。

　　在午后或晚上，举办一次主题聚会，为孩子制作玩具，这对于父母来说也是一件非常有趣的事，可以帮助父母了解孩子是如何成长的。

　　此外，坐在一起切割和穿透材料，制作玩具，能制造彼此信任的氛围，鼓励大家更好地交流想法、了解彼此。

周期虽短，却可以促进孩子成长

　　不幸的是，随着时间的流逝，家庭手工制作的玩具并不能让孩子保持多久的兴趣。但是，这是否就是它们的缺点呢？

　　事实上，它们短暂的生命周期可以督促我们寻找新的发现，让我们时刻紧跟孩子急速成长的脚步。

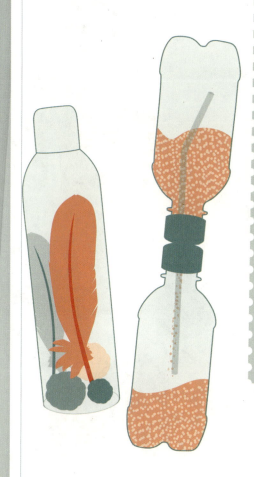

提示

　　设置一个回收站，这样你就可以随时保存好多游戏材料。

　　持续地观察孩子，这样你就可以知道他们需要什么。

　　考虑安全问题，区分哪些玩具是可以让孩子们自由玩耍的，哪些玩具要在你的监督下由孩子们玩耍。

　　家庭成员达成一致，定期与孩子们一起制作和发明玩具。

水下的华丽：五彩瓶

几个便于小孩
抓握的小塑料瓶

几颗弹珠

含有闪光粉
的彩色液体

孩子们可以用它做什么

孩子们可以在五彩瓶里发现一个非常有趣的世界。他们会长时间地观察瓶子，让想象力随之漂流。每当瓶子被晃动，里面的闪光粉就会随之旋转，深深地吸引住孩子们的目光。这会鼓励他们独立观察微小的事物。我们还可以在其中放入弹珠，这样一来，在晃动瓶子的时候，闪光粉会更容易漂浮起来。

孩子们可以探索和学到什么

重力：几乎所有东西都会下落。孩子们可以近距离地看到漂浮着的闪光粉慢慢下沉。

旋转：当瓶子被翻转之后，其中的闪光粉会做旋转运动，非常漂亮。

规律：摇晃的时候，所有东西都会混在一起；静止的时候，一切会归于平静。

五彩瓶的玩法

倒转它，让其中的物体移动。

滚动它，或让它从斜坡上滚落，发现它的惯性。

摇晃它，让其中的闪光粉漂浮起来，听弹珠的声音，感受弹珠的运动。

举起它，放到有光的地方，看光线如何穿透瓶子。

如何制作五彩瓶

我们要准备一个小的空塑料瓶。小瓶子更容易被孩子用手握住,所以容量在200~330毫升即可。此外,还需要一个漏斗、一个小汤匙,当然还有水。我们还要从工艺品商店买一些彩色或银色的闪光粉和一些小号弹珠。出于安全考虑,我们还需要胶水,用来密封塑料瓶。

下面,将两三勺闪光粉装入瓶中,放入一些弹珠。使用漏斗就可以保证闪光粉与水不会洒出。为了密封得足够牢固,可以在瓶盖内涂上一些胶水,这样孩子就无法再次打开瓶子了。密封好之后,要把瓶子上多余的胶水弄掉,并等待胶水凝固。至此,一切就大功告成了。

孩子往往喜欢尽可能多地尝试不同事物,因此我们可以使用不同颜色的闪光碎片,制作不同颜色的五彩瓶。如果能够用食用色素给水染色,效果将更佳。

星海沉浮

　　星星落入水中，在水里尽情遨游。这个版本的五彩瓶中，有许多银质的或包着彩色锡纸的星星与鱼。

这个版本的瓶子非常漂亮，把游动方式不同的东西汇聚到了一起。

耀眼的闪光粉会在水中飞舞，而较重的星星与鱼会沉向底部。

当瓶子翻转过来时，不同的物体会以不同的速度旋转，漂浮的时间也不尽相同。

大泡泡

　　巨大的红色泡泡在瓶中不断翻着筋斗，它们时而合到一起，时而分离。

使用食用色素和一点水制造
彩色泡泡，然后用注射器或移液
管把食用色素和水的混合物滴入
油里。

向瓶中加满油（婴儿油等），但须
留下一点空间给泡泡。

可以加入一种其他颜色，制造出
不同颜色的泡泡，让它们在瓶中上下沉
浮。然后，看它们完全混合到一起要花
多少时间。

神奇的泡泡

　　这是一个魔法瓶。它看起来似乎空空如也，但是很快就会充满蓝色的泡泡。这是一种非常简单的现象，孩子们对此也非常熟悉：从水中形成无数泡沫。

要制作这种"泡泡器"，我们需要一个又大又便于握住的瓶子，还有洗涤剂、蛋彩画干粉涂料和漏斗。

往瓶中倒入一点儿水、涂料和洗涤剂。当瓶子静止一会儿后，这些材料就会在底部混合。

晃动瓶子，越摇晃，就会有越多的泡泡出现。放置一段时间，这些泡泡又会沉向瓶底，归于平静。

漂浮的油：双色瓶

　　当双色瓶静置一段时间，我们会从中看到一个秩序井然的世界。上层是黄色的液体，而下层是明亮的蓝色液体，其中漂着心形物体。

在制作第一层时，得用食用色素把水染成深蓝色，并加入一些闪光的漂浮物。

在制作第二层时，要向瓶中加入油，然后盖上盖子，并使用胶水密封好。如果只是温柔而平稳地移动它，那么这两层就会泾渭分明。

哪怕用力地摇晃它，把两种颜色的液体混合到了一起，但是只要把它静置几分钟，一切又会变回原样。

忽隐忽现：魔法水晶泥

那么，瓶子里只能放彩色的液体吗？
一个瓶子里可以放许多彩色的小圆珠吗？
当然可以，比如魔法水晶泥，它将会根据
翻转瓶子的方式，表现出不同的效果。

这种瓶子之所以神奇，完全在于水晶泥。水晶泥通常呈圆珠状，又称"吸水珠"，常用作花草培养基。

在水中时，这些吸水珠几乎隐形，尤其是在清水中。

如果把瓶子横放，让吸水珠露出水面，那些原本几乎不可见的珠子就会变得像弹珠一样明显。

爱吵闹的五谷瓶

便于小孩子
用手抓握的
小瓶子

会在瓶中咯咯作响的
小扁豆或大米

装有不同物品的
各种游戏瓶

孩子们可以用它做什么

每粒小豆子都会发出声音，孩子们不仅可以通过摇晃瓶子来让它们发出声音，还可以用不同的瓶子让它们发出不同的声音，并对比这些声音。他们可以看见原本平静的各种物体是如何在瓶中运动碰撞、如何发出声音的。

孩子们可以探索和学到什么

因果性：摇晃得越厉害，声音就越响。

重力：如果你轻轻碰了瓶子，或者滚动了瓶子，那么其中的大米或小扁豆就会在瓶中慢慢翻滚。

差异性：瓶子里放的物体不同，声音也会有明显差异。

五谷瓶的玩法

闭着眼睛摇晃瓶子，比较声音。

把它当作乐器，在唱歌或跳舞时伴奏。

以不同的角度倾斜，观察它的惯性。

把几种物体混合起来装在瓶子里，听声音会如何变化。

如何制作五谷瓶

　　我们选择的瓶子要容易被握住，最好是塑料瓶，因为它更容易发出声音。超市里的小饮料瓶是不错的选择。请尽量选择盖子很大的饮料瓶，这样才可以放入一些体积较大的物品。

　　同样地，我们可以用胶水把盖子封好，以免孩子好动的小手把盖子拧开。请在合上盖子之前，在瓶盖的内侧涂上玻璃胶或热熔胶。可以多准备几个瓶子，并在其中分别放入不同的物品，这样就能制造出不同的声音。当然也可以放入不同颜色的豆子，这会增加瓶子对孩子的吸引力。

　　我们可以把瓶子放在托盘上或篮子里，然后把托盘或篮子放在游戏室，或者把它们挂起来。如果准备挂起来，可以把线从瓶盖打开时残留的塑料环上穿过。请使用可以扯掉的细线，这样孩子们就不会因被线缠绕而受伤！并且，在挂起来的时候一定要系牢固。

黑暗中的响声

　　与透明容器相比，不透明容器更能鼓励孩子们精准地使用他们的听觉去感受声音。因为在这种情况下，他们的注意力不会受到视觉的干扰。

把研磨好的东西放入瓶中，摇动瓶
子，你就能感受到粉末在瓶中的运动，
以及瓶子重心的变化，这非常有趣。

除了豆类，还可以在瓶中放
入粉末、干沙子。然后轻轻地摇
晃，就能听到轻软的声音。

分别在不透明容器和透明容器中放
入同样的东西，然后把它们置于孩子们
面前，鼓励他们对比两种声音吧。

美丽的色彩：缤纷雨落

　　彩色珠子的哪些特质让小孩们喜欢？或许是它们非常鲜艳亮丽，抑或是它们又圆又引人注目。孩子们的视线经常会随瓶中某种颜色的珠子而移动。

不管是什么瓶子，只要装入漂亮的东西，就可以创造一个漂亮的瓶中世界，并吸引孩子们用眼睛观察这个世界。

同时，由于这些小东西是放在瓶子里的，所以我们可以让孩子们近距离地观察它们，而不用担心意外。

在滚动瓶子的时候，孩子们会感受到由珠子的惯性而产生的阻力，这是一种非常有趣的物理现象。

一条线上的珠子

　　孩子们可以跟瓶中的珠子进行直接的互动。在这个瓶子中有一条线，上面穿着许多珠子，孩子们可以从瓶盖的外面随意拉扯这条线，从而控制其中的珠子。

　　除了瓶子，还需要一条结实的线、一颗放在瓶外的大珠子、一些大大小小的彩色珠子，以及钻了洞的瓶盖。

　　先把所有珠子穿在一条线上，然后让线穿过瓶盖上的洞，穿过以后，在这条线上穿一颗大珠子，这样线就不会完全掉进瓶中。

　　我们不必费力气把玩法展示给孩子们，因为他们一看就知道这种瓶子的玩法！

双瓶互连

在两个盖
子上钻洞

沙子或可以自由
流动的材料

把两个瓶子
粘在一起

孩子们可以用它做什么

让物体从一个瓶中流转到另一个瓶中，也就是说，孩子们可以使用这套玩具模拟沙漏。在玩双瓶的时候，孩子们很快就可以发现他们可以通过调整倾斜度来控制物体的流转速度。在孩子们眼中，观察物体的流转过程是一件非常有趣的事，哪怕这要花费他们一些时间。

孩子们可以探索和学到什么

因果性：瓶中物体的流转速度与瓶子的倾斜度有关。

找异同：不管在瓶中装入的是水还是沙子，它们都会下降，只是方式有所不同。

重力线：不管对这两个瓶子做什么，最终，其中的物体都会落在下面的那个瓶子中，就像在寻找回家的路。

双瓶的玩法

把瓶子放正，观察物体是如何从一个瓶子流向另外一个瓶子的。

通过挤压瓶子来改变瓶中物体的流转方式。

也可以把双瓶放在地板上滚动，让两个瓶子中的东西数量差不多，从而制造一种平衡的状态。

如何制作双瓶

准备两个相同尺寸的瓶子，以及胶带、热熔胶、剪刀和小钻头。当然，还有彩色沙子。瓶子的瓶盖最好尽可能地大。

首先，在一个瓶中装入沙子。可以留一些在玻璃杯中，用来测试其流动性。

然后，把两个盖子背对背地放在一起，迅速用热熔胶加固。在固定之前，可以使用砂纸磨一下瓶盖，这样可以让固定的过程更加顺利。

接着，使用小钻头，在两个盖子的正中间打孔，以便沙子能够在两个瓶子之间流动。我们可以用剪刀来控制孔洞的大小和光滑程度。建议大家先测试一下这两个孔，看看沙子能不能顺利地从中通过。

最后，把两个瓶身拧在两个瓶盖上，使两个瓶子连在一起。我们还可以使用胶带，在盖子上缠绕几圈来增加稳定性。

彩色的液体双瓶

　　我们还可以把液体装入瓶中。在这个游戏中，虽然里面装了液体，但并不会被孩子弄得一团糟。如果想给水染色，可以往水里加一些染料。

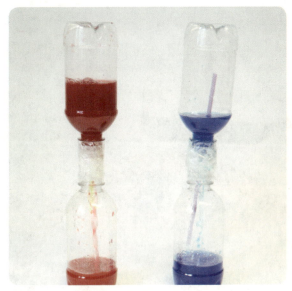

为了防止漏水，必须要用热熔胶把两个盖子粘得非常牢固。

要想封住两个盖子之间的缝隙，最好的方法就是使用热熔胶。然后，在盖子上钻一个孔，一切就大功告成了。

如果在瓶子里插入一根吸管，那么就算把瓶子首尾倒置，也会有一部分水留在上面的瓶子里。

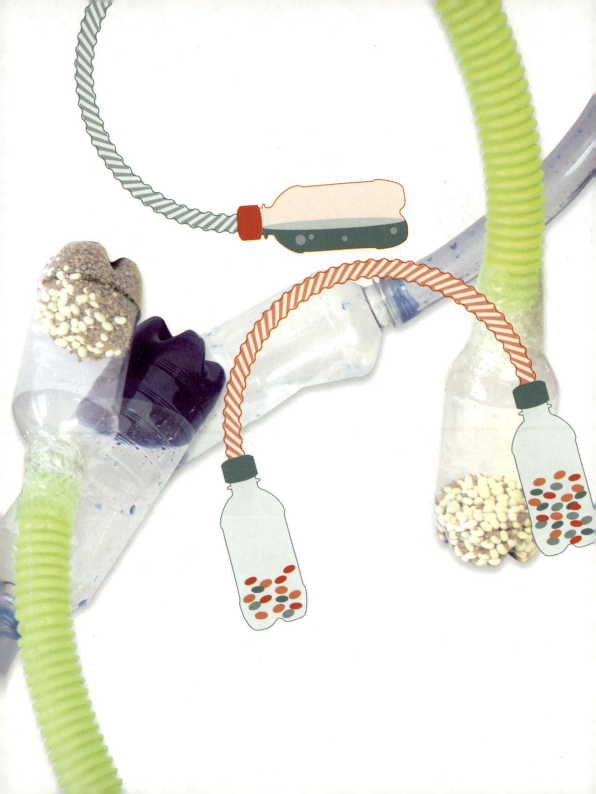

会搬豆子的魔法管

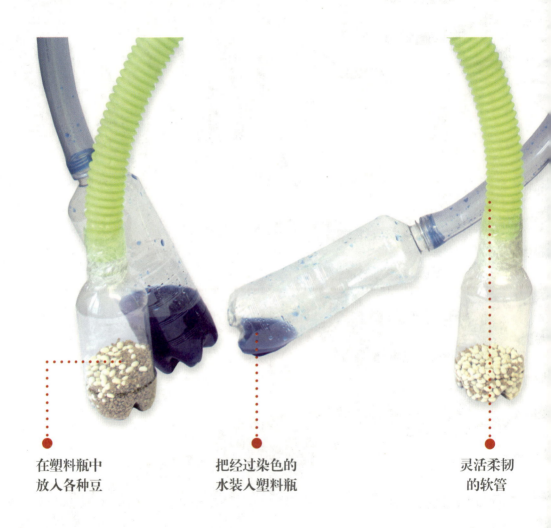

在塑料瓶中
放入各种豆

把经过染色的
水装入塑料瓶

灵活柔韧
的软管

孩子们可以用它做什么

在这个版本的双瓶中，虽然两个瓶子也是互相连接着的，但并不是直接连接，而是通过一根长长的软管相互连接着。孩子们在游戏时，会发现里面的物体会在进入管道时消失，然后出现在另一侧的瓶子中。孩子们可以随意操控这个魔法管，比如翻转或扭曲它，从而影响管道中的物体，甚至让它们停留在魔法管中。

孩子们可以探索和学到什么

数量：是否所有东西都从一个瓶子转移到了另外一个瓶子里？

重量：这个魔法管就像天平一样，孩子们可以探索是哪一个瓶子更重，还是魔法管更重。

重力线：如果管道倾斜着，那么瓶中之物会沿着魔法管滚向另外一个瓶子。

魔法管的玩法

把一个装着豆子的魔法管举到耳朵旁，听豆子在其中滚动；在魔法管中装入彩色的水，看水是如何在其中流动的。

拿着魔法管，让它呈U型，把瓶中所有物体都汇聚到管道里。

让软管的一端摇摆，观察离心力对瓶中物体的影响。

如何制作魔法管

　　我们需要两个瓶口大小一样且带螺纹的塑料瓶，里面装入一些东西，比如豆子或经过染色的水。此外，还需要一把剪刀、一卷胶带、一根长约80厘米的可弯曲软管，当然最好还要有尼龙扎带。一根平滑透明的水族箱水管非常适合用来在两个瓶子之间传输水，而带褶皱的可弯曲软管则适合豆类通过，它会在豆子经过时发出好听的声音。这两种管子都可以在手工类商店买到。

　　在选择管子的时候，要确保管子的内直径比瓶口稍微大一些。我们要将管子跟两个瓶子固定在一起。在固定的时候，可以使用尼龙扎带来增加稳定性。不管怎样，都要使用胶带把两个瓶子与管道牢牢地固定在一起。至此，就大功告成了。

弹珠管道里的响动

    我们不能看见一切，比如在弹珠管道里发出声响的东西，就是我们无法看见的。但是，当弹珠管道里发出声响时，孩子们将会注意到管子里有东西存在。

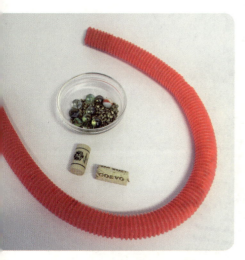

我们需要的材料包括一些弹珠，一根不要太粗的、内外都带褶皱的可弯曲软管（可在手工类商店里买到），以及胶带、软木塞和热熔胶。

先把弹珠装入管子，然后使用尺寸合适的软木塞将两端封住，并用热熔胶密封。

如果想制作一个可循环的圆形魔法管，那么就要先把弹珠装入管子，然后将管子首尾相连，并用胶带在连接处缠绕几圈。

有趣的循环：彩色水环

　　如果把一些经过染色的水装入一个圆环中，我们会有很多发现：根据握圆环的方式不同，可以从中看到水流的变化（速度快或慢）；如果摇晃圆环，还能产生许多气泡。

要想制作这种水环，首先要准备一根直径1~1.5厘米的水族箱软管（可在手工类商店购得），然后把经过食用色素染色的水装入其中。

把直径更大的几段软管套在水族箱软管上，使它们可以在圆环上自由移动。这样，不仅可以让孩子们更好地握住水环，而且可以让水环看上去更具吸引力。

把一根长2厘米、直径0.8厘米的软管插入水族箱软管两端，使其首尾连接，然后用胶带密封起来。

看看它是如何工作的：胃管

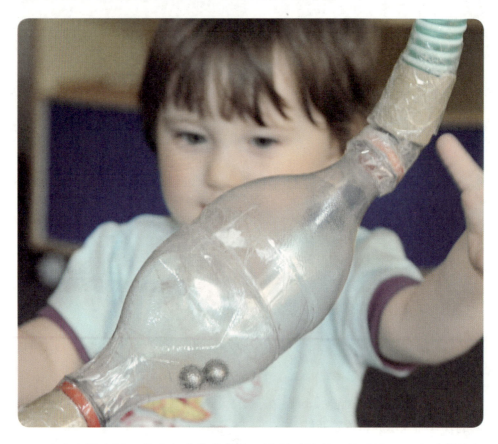

在这个游戏里，弹珠会哗啦哗啦地飞快通过管道，然后滚入一个透明的容器，并在这个容器里停留。

使用美工刀把两个瓶子都从中间一分为二，然后把两个带瓶口的半瓶合在一起（瓶口向外）。两个半瓶之间的缝隙要尽可能地小。最后，使用胶带把接合部分粘好。

接下来，找一根直径合适的软管，将其首尾与刚刚制作好的"胃"的两端的开口相连。

在密封之前，要先放入5颗大小相同的弹珠，然后再把连接处用胶带密封好。

数字管：用水写8

　　对于幼小的孩子来说，这几乎是他们难以理解的事物。这种含有彩色水的管子不仅有两种不同的表面（透明的和有色的），同时还有两个截然不同的区域。

在"用水写8"时，我们需要两根不同的管子（透明的和有色的）、染色过的水、胶带。首先，要把这两种管子插在一起，然后用大量的胶带固定好。

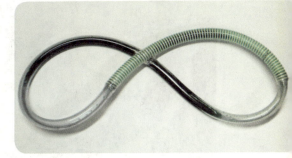

接下来，使用漏斗把彩色的水灌入管子，然后把两根管子的另外两个口连在一起，并用胶带封闭好。接下来扭曲管子，让其形成数字8的形状，最后用胶带固定好。

现在水到哪里了？孩子们会带着这个疑问，好奇地观察数字管道里的彩色水流到哪里了。

五彩豆圈

　　这仍然是一个可循环圈。不过，这次透明管子里装的是豆子。当人们转动它，里面的豆子就会呼啦呼啦地翻滚起来。

这次的管子长度须为100~150厘米。我们可以在手工类商店中买到它。

为了增强稳定性，可以在首尾连接处插入一个直径稍小一些的管子。

这种五彩圈的特色之处在于管道上贴了彩色的箔纸。其中的豆子虽然是青黄色的，但是在通过彩色箔纸部分时，看起来会是蓝色或红褐色的。

乐趣无限的漏斗滑道

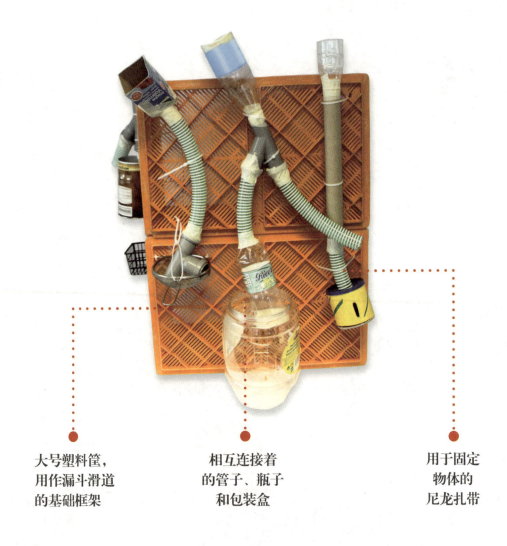

大号塑料筐，
用作漏斗滑道
的基础框架

相互连接着
的管子、瓶子
和包装盒

用于固定
物体的
尼龙扎带

孩子们可以用它做什么

把一些东西放在漏斗上方，观察这些东西是怎么掉落到底部的。光是这个简单的过程就能吸引孩子们观察好久。这种滑道具有很强的可玩性，因为我们可以改变过程，玩出许多花样，比如可以在底部放一个铁罐子，那么当大米下落到其中时，就会发出轻快的沙沙声，或者也可以在其中加入一个滤网。

跟本书中的其他玩具相比，这种漏斗滑道能激励孩子们一起玩耍，让他们很容易就玩到一起。比如，可以让一个孩子朝漏斗中倒入大米或其他松散的材料，让另一个孩子等待并观察大米将会以何种方式落在何处。

孩子们可以探索和学到什么

研究方法：把大米从上方投入之后，它们是如何通过复杂的装置到达下方的？

思考结论：不管把什么东西从上方投入，它们都会出现在下方吗？

体验过程：把手放在管子下方，握着管子，感受谷物在其中运动是十分有趣的体验。

因果性：根据使用的管子不同，会产生不同的声音和视觉效果。

流动性：如果物体体积过大，就可能会卡在漏斗中；而如果数量太多，又可能会出现堵塞，这时可以使用手指或其他东西搅动它，使其恢复通畅。

漏斗滑道的玩法

两人一组，但不要让另一方提前知道你在漏斗中放入了什么。

把它想象成身体，思考如果食物从上方进入，会有什么东西从底部出来？

尝试各种不同的东西，看这些东西在漏斗滑道中的表现有什么不同。如果某些东西被卡住了，还会出现在底部吗？

通过眼睛和耳朵感受物体在管子中的移动过程，可以用眼睛观察管子内部，对着管子说话，听管子中的声音。

如何制作漏斗滑道

制作漏斗时，要使用瓶子或包装盒。把容器的下半部分剪掉，然后让容器顶部朝下，作为漏斗与管子相连接。真正的漏斗下方会有一段狭窄的管道，我们的自制漏斗也能做成这样。可以从手工类商店购买管子当作管道，或者利用厨房用纸或包装用纸的硬纸筒自制管道。此外，灰色的Y形排水管也可以拿来作为替代品。然后，我们要把自制漏斗的末端接在软管上，并用大量的胶带固定好。

接下来，在其他管道上也安装几个类似的漏斗。要记住，接收下落物体的容器必须是可拆卸的活动容器，不然倒入的大米等将无法循环使用。

竖着的大号塑料筐，其底部是镂空的格子，因此是一种非常不错的基础框架（在超市或网上可以找到这种塑料筐），我们可以用尼龙扎带把管子和漏斗都固定在这个塑料筐的底部。买一些大号的尼龙扎带，把所有东西从里到外都固定好之后，一切就准备就绪了。

网格的塑料筐会增加游戏的趣味性，当大米落在上面时会"嘶嘶"地从网格中漏出。

为了防止游戏时东西洒得到处都是，最好在整个玩具下面放一个较大的容器，比如大型塑料箱。我们也可以找一个图片里展示的这种游戏盒子，把漏斗滑道放在里面，让孩子们在其中游戏。这种游戏盒子的四个边都是柔软的，它可以帮助我们把游戏空间限制在其中。我们可以在幼儿园商品专卖店中找到它，或者可以用充气式戏水池代替。接下来，还要在平底容器中装入用来往漏斗中倒的物体（比如足量的大米），再准备好一个铲子和桶。

形状分拣盒

包裹着
锡纸的纸盒

各种形状与尺寸的洞

各种不同
类型的物体

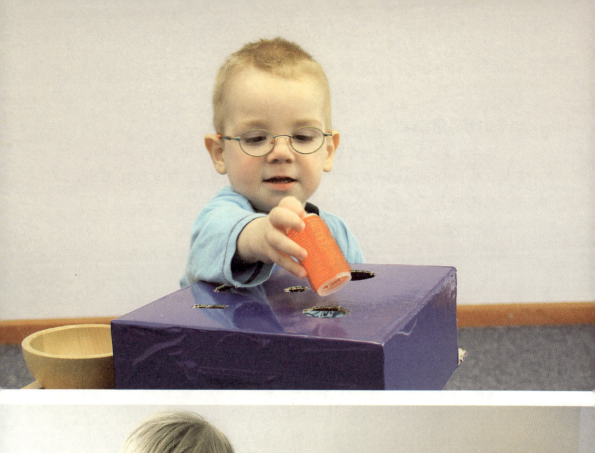

孩子们可以用它做什么

现在可以看见，然后又看不见，再然后它又突然出现！使用这种形状分拣玩具，孩子们可以认识一些基础的形状。当把东西放进这些洞里时，孩子们会看不见这些东西。

每个物体都有与之对应的洞。这种形状分拣盒会激励孩子们去寻找与每个物体对应的洞。

孩子们可以探索和学到什么

物体永恒存在：物品一进入盒子，我们就无法看到它们了。但是，如果向里面看，或摇晃盒子，我们就会知道它们依然在里面。

数量：可以准备三样东西，先放一个在盒子里，然后放第二个、第三个。通过重复这个过程，可以让孩子们理解数量的概念。

联系：虽然放进去的东西是不同的，但是这些东西的形状和洞的形状是一一对应的。

形状分拣盒的玩法

尝试加入新的东西，比如把一些柔软的布或长长的羽毛也放到盒子里。

让他们注意听声音，比如放入发夹和瓶盖时会发出碰撞声，而放入木球时则会发出滚动声，那么放入其他东西时会发出什么声音呢？

数一数盒子里面已经有多少东西了，还能放入多少适合的东西。

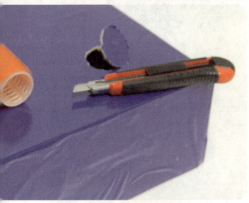

如何制作形状分拣盒

要想制作形状分拣盒，需要坚固的硬纸盒、美工刀、钻头、铅笔、线和形状有趣的物品。形状有趣的物品用来放入分拣盒中，制造出有趣的声音。

接下来，首先用锡纸把整个纸盒包好。这样一来，以后就可以对其进行擦拭，使其可以多次使用。

我们可以先用铅笔在上面画出洞的轮廓，使其比物品的尺寸稍微小一点，那么当孩子把物品塞入其中时，就会产生一些轻微的阻力。然后再用美工刀小心地切出一个洞。

如果纸盒是封闭的，还要在上面制造一个门洞，这样就可以把塞入的东西取出。我们可以把一个侧边沿中间切开，然后再把它的边沿切开，这样就制造了一个可闭合的开口（见图）。把侧边切开后，在两半纸板中间各钻一个孔，并用线穿过孔。这样就能控制纸盒的开合了。

投物盒

　　把一些东西从橡胶盖子塞进容器里，也是一件十分有趣的事。盖子上有一个十字形的切口，我们可以把一些合适的东西，比如发夹等，塞入其中。当东西落入其中时，会发出各种声音。

在容器的塑料盖子上剪出一个十字形的开口，并把开口的边缘磨光滑。

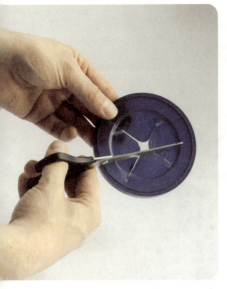

为了让它看上去更加美观，可以使用颜料或彩色胶带、彩纸等对容器进行装饰。

把容器和要塞入的物品一起放在一个托盘上，这非常重要。

可爱的虎纹罐

    这个玩具主要是用装食品的塑料罐子做成的，它的盖子是透明的，所以我们可以看到内部的情况。

使用美工刀在盖子上切出合适的洞，并使用颜料在侧面涂上条纹。

注意：为了避免受伤，须用胶带把洞的边缘包裹起来。

把虎纹罐和要塞入的东西放在一个托盘上。我们要确保所有东西都放在一起。

哪怕没有声音，也是有趣的

　　像制作前文介绍的形状分拣盒一样，先根据准备塞入的物品的形状，在盖子上切出相应形状的开口。

圆环是否适合放入其中呢？
是否还有其他什么东西适合放入
其中？

为了鼓励逻辑思考，我们可以向孩子们同时提供多个有着不同形状的开口的罐子，以及相应形状的塞入物。

孩子们喜欢有些阻力，所以宁可把开口切得小一些，也不能切得太大。

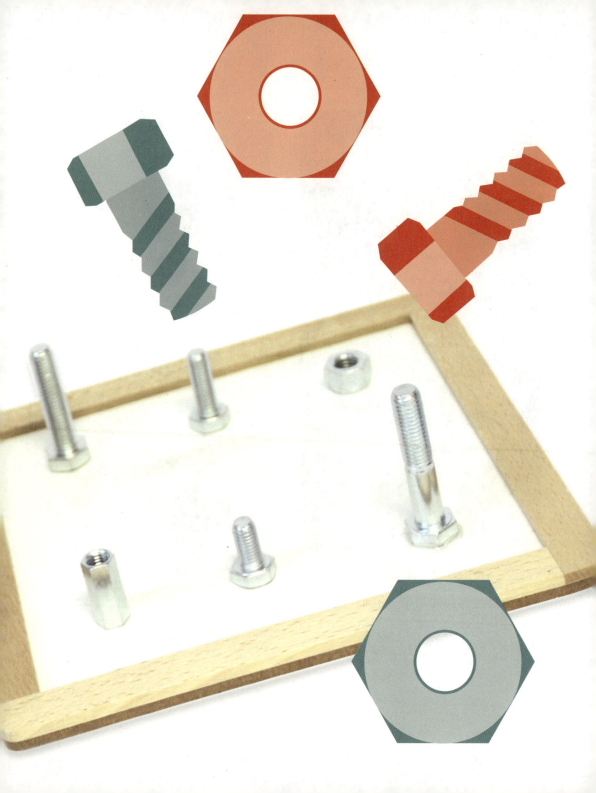

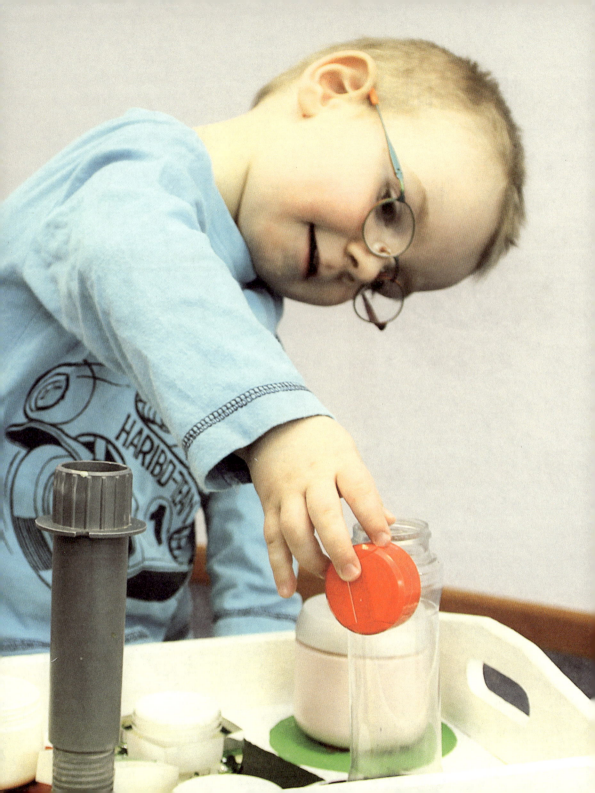

螺母和螺钉

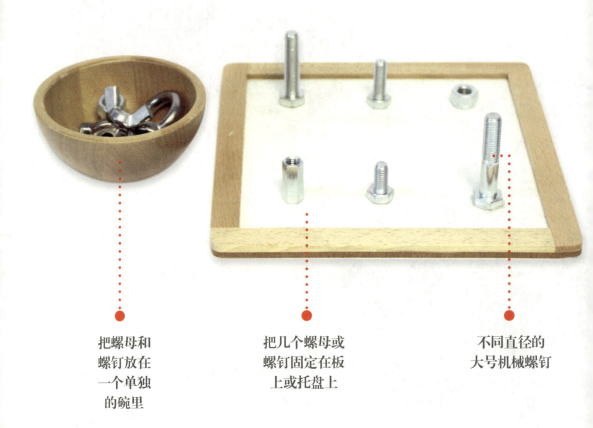

把螺母和
螺钉放在
一个单独
的碗里

把几个螺母或
螺钉固定在板
上或托盘上

不同直径的
大号机械螺钉

孩子们可以用它做什么

　　拧东西能让孩子们明白事物之间存在一种固定的联系。孩子会从很小的时候，就开始对拧东西感到着迷。在玩这套玩具的时候，他们会表现出极大的热情。每个螺母都有对应的螺钉，所以他们会探索如何对它们进行配对。

孩子们可以探索和学到什么

　　事物之间的联系：只需要一些技巧，两件不同的东西就能变成一件，对于小孩子来说，这是非常有趣的。

　　物品的特性：为了寻找每个螺母对应的螺钉，必须要学会辨别与区分。

　　旋转：旋转螺母的时候，它们在螺钉上的高度会发生变化，直到降到底部为止。

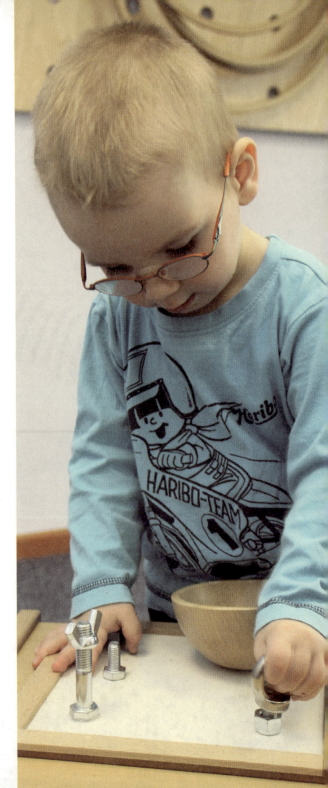

螺母螺钉托盘的玩法

我们可以把螺钉比作孩子，把螺母比作母亲。那么，每个母亲都能找到她的孩子吗？

如何制作螺母与螺钉托盘

为了制作螺母与螺钉托盘，我们需要一个托盘、一些螺钉，以及一种用于把螺母或螺钉的头固定在托盘上的强力胶水。此外，还需要一个木碗用来存放螺母和螺钉。

如果小孩子的年龄特别小……

对于幼小的孩子来说，如果跌倒在托盘上，可能会受伤。这种情况下，我们可以在托盘上放一些带螺旋盖子的容器来代替螺钉与螺母，比如面霜瓶等易于固定在托盘上的小瓶子和它们的盖子。

斜塔里的小珠子

　　旋转，哗啦；旋转，哗啦——在这个由塑料瓶做成的塔里，放入木制的小珠子时，它们会舞动着降落到下一层。

要想制作这个斜塔，要先找一些塑料瓶，然后把它们的瓶口剪下来，这样我们就可以得到好几个漏斗状的塑料瓶。

接下来，把这些漏斗状的塑料瓶连接到一起。这会让珠子在其中下落的过程更加有趣。

最后，使用胶带把这些瓶口固定好。当然，我们也可以不把它们固定在一起，这样就可以随时拆开来玩。一切均由我们自己的意愿决定。

你追我赶的弹珠

    只要一拿起这个圆形装置，风驰电掣的比赛就开始了。许多弹珠会围绕着跑道飞奔，这一切我们都可以亲眼观察到。

需要的基础材料包括一个小号的光盘盒，我们可以从卖空白光盘的店里找到它。此外，还需要一些弹珠、一张光盘、一卷胶带和一个木螺钉。

首先，把光盘的空白面朝上放在光盘盒子的底部，使用胶带固定好。

接下来，把弹珠放入其中，并使用木螺钉和胶带固定好。

搅拌瓶

　　孩子们很快就会发现其中的奥秘：这个瓶子有一个曲柄，只要转动曲柄，他们就可以搅拌瓶中的物体。从外面看起来，这有点儿像在使用搅拌器。

我们需要一个带螺旋盖的瓶子、一个钻头、一个洗瓶刷，洗瓶刷要带有金属柄，而且长度要超过瓶子。

首先，在盖子上钻一个孔，并让洗瓶刷的金属柄穿过孔，然后使金属柄弯曲，把瓶内部分拧成螺旋状，把瓶外部分拧成曲柄。我们还可以在金属柄上拧一个圆圈，这将有助于更好地控制洗瓶刷。

搅拌瓶已准备就绪。今后只要打开盖子，我们就可以快速置换瓶中的东西。适合放入的东西包括有光泽的石头、彩色的沙子等。当然，也可以放入一些湿漉漉的东西。

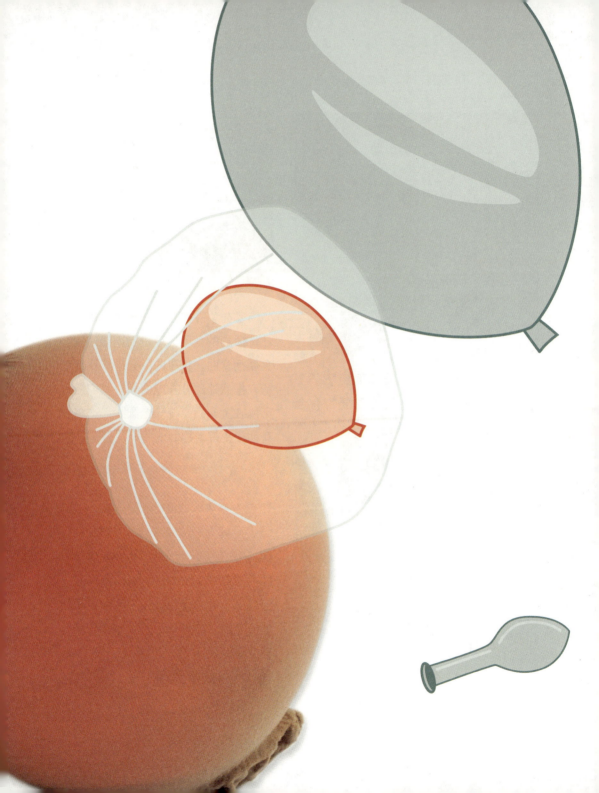

砰砰响的藏物气球

一个吹到
半饱的气球

大米、豆子或沙子等
可自由流动的物品

紧身裤袜

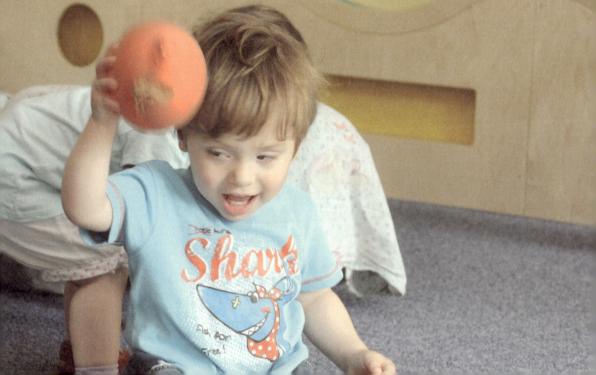

孩子们可以用它做什么

当孩子们触碰到气球薄薄的表面时，他们会意识到气球内藏着东西。通过摇晃气球，孩子们可以感受到其中藏着的大米或其他物品。对着光，他们也可以隐约看见里面藏着的东西。当然，他们还可以听到其中的声音。

孩子们可以探索和学到什么

因果性：摇得越厉害，声音就越大，能量变成了声音！

音色：气球中装入的物品不同，声音就会不同，对比这些声音是一件非常有趣的事。

结论：藏物气球落在地上时发出的声音与普通气球完全不同，而是跟湿袋子的声音差不多。

藏物气球的玩法

让孩子们利用气球制造出声音，玩气球乐队的游戏。

把气球弄湿，看看现在我们可以从中看到什么。

把气球放在斜坡上，我们会发现它滚动起来有些颠簸，甚至会在某个点停住。这种现象可是有些成人都想不到的。

如何制作藏物气球

　　首先需要一个普通的气球和一个漏斗，漏斗将有助于向气球中装入物品。然后，小心地把漏斗插入气球开口处，向里面装入大米、小扁豆、豌豆或沙子。由于这个气球可能会被孩子扔来扔去，所以要避免装入尖锐的东西（比如小石头、木屑），也不要装入过重的东西（比如弹珠）。

　　接下来对气球充气，直到气球的直径达到10厘米左右，然后在气球的开口处打结。为了防止孩子弄破气球，可以再加上一个安全措施，即在外面再套上一个优质的裤袜，并打好结。我们还可以做些其他改变，加入一些气味强烈的东西，比如薰衣草、香草。这样一来，当摇动气球时，外层就会弥漫着一股好闻的味道。

似有若无的空气包

　　这种空气包使用了半透明的塑料袋，我们可以将其视为大号的藏物气球。请尽量给它充气，把它吹满，并打好结。

哪怕空气包中空无一物，也依然是十分有趣的。它能用来扔，能用来当成靠垫，能随着气流而飘动。

如果在其中放入一些东西，比如几个充了气的气球，那么这个空气包就会更吸引孩子们的目光。

就像许多其他的家庭自制玩具一样，当孩子们玩这个空气包的时候，必须要有人在旁边监督。如果它破了，那就立即拿走它。

想象与创新

这个交互式窗饰是用冰袋做成的，冰袋里装有颜料，可以吸引孩子的注意力。每当孩子触碰到冰袋，图案就会发生变化。

这个瓶子里放了一根封闭软管，而软管里装着的彩色水能在其中循环流动，吸引孩子的目光。

这是一个其中一半被遮盖住的弹珠管道。滚动到黑暗处的弹珠会继续滚动，然后从另外一边重新出现在我们视线里吗？

潜水艇：一个气球（颜色可以随意）被派到瓶中去执行潜水任务。

沙子逐层下落的乐趣：在几个塑料瓶底部钻洞，然后把它们粘到一起。

挤在狭小空间中的核桃。

彩色小球和羽毛在瓶中共舞，非常赏心悦目。

这个漂亮的盒子上有几个大小不同的洞，分别适合不同尺寸的方块通过。孩子们都喜欢从不同大小的洞里取出东西。

当迷迭香的叶子轻轻摇动，它们发出的沙沙声非常好听。像其他的香草一样，好闻的香味还会透过盖子上的小孔散发出来。

这个瓶子里装的是干扁豆，它的几个侧面上贴着不同颜色的透明彩纸。从不同侧面向里面看的时候，会呈现出不同的视觉效果。

彩色的心形物和闪光的纸片在瓶中共舞，看上去很漂亮。

叠罗汉：瓶中的软木塞会以各种姿态堆叠起来。

需要的材料和工具

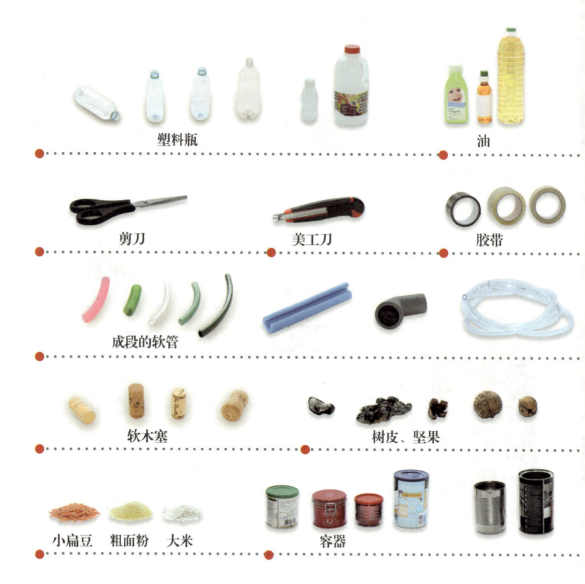

塑料瓶

油

剪刀

美工刀

胶带

成段的软管

软木塞

树皮、坚果

小扁豆　粗面粉　大米

容器

彩色星星

闪光粉

水晶泥

热熔胶枪　　胶水

气球

紧身裤袜

弹珠

移液管、漏斗

木制品

石头

彩色石头

吸管

它们安全吗

　　事先声明：跟所有给孩子的日常用品一样，家庭手工制作的玩具没有任何密封性、安全性方面的证明，也没有证据表明它们适合给孩子当玩具。话虽如此，这并不是说孩子们就不允许接触日常用品，或者不能拿这些东西当玩具。夸张点儿说：如果一切都需要证书批准才能接触的话，那么孩子就连苹果都不能吃了（因为苹果有茎秆和种子），也不能和植物玩了（因为存在被缠住而窒息的风险，孩子随时可能会受伤）。

所以，我们应当怎么做呢？我们必须辨别出哪些危险是可以在正常的监护下得到避免的，哪些事又是存在不确定性的。有许多玩具是不适合放在1岁儿童的游戏区的，比如板栗游戏盒，但是如果有大人的监督，那么这个游戏就和其他普通游戏一样，可以让孩子们玩。只有少数几种东西是孩子们绝对不能触碰的，因为当危险出现时，旁边的监护人可能无法及时反应过来。一些孩子依然处于把所有东西放进嘴里的阶段，所以不要把板栗或纽扣这样的东西给他们，否则他们可能会嚼和吞咽这些东西。如果不确定某种东西是否适合他们，那就不要在没人监督的情况下让他们玩那些东西。

每个成人都希望保护好孩子，也应该保护好孩子，使他们远离危险。但如果禁止孩子接触任何事物，不让他们面对任何挑战，那么也就谈不上保护了。他们没有机会学习计算，不懂得如何面对风险，也就无法培养自我保护能力。

给孩子适当的挑战才是健康的保护行为。在保护孩子时，要有预见性，冷静地观察，并了解孩子成长的阶段性。适当的挑战能让孩子变得更加强大与聪明。只有不断地接受挑战、应对挑战，才能帮助孩子探索并学习在这个世界上的生存之道，帮助他们克服意外的困难。所以，父母和老师必须要尽到他们的监护职责，根据自己的观察和直觉，以及孩子的能力和成长阶段做出合适、恰当的判断。

致谢

感谢苏珊·里克特和卡罗尔·普珀

　　本书中的许多创意都受到了苏珊·里克特和卡罗尔·普珀的启发。她们俩都已在卡拉克斯工作多年，对幼儿教育有着丰富的经验，深刻地了解年幼的孩子们需要什么。她们经常思考、开发并手工制作孩子们需要的玩具。本书的作者对她们的工作与专业经验表示感谢，本书的写作离不开她们的支持。

感谢卡拉克斯

　　我们要感谢卡拉克斯的孩子们与老师们，感谢他们允许我们对他们的日常活动进行拍摄。这些来自真实生活的照片让我们的想法更加现实，使我们真实地感受到了他们的游戏、学习过程。我们还要感谢孩子们的父母，感谢他们允许我们对他们的孩子拍照并将照片放在本书中出版。

蒙台梭利万用亲子游戏 04

训练思维力的40种托盘游戏

[德] 安特耶·博斯特尔曼 米夏埃尔·芬克◎著 赵艳君◎译

最强大脑养成策略
（0—6岁）

ZHEJIANG UNIVERSITY PRESS
浙江大学出版社

序言

父母们越来越重视给予孩子特别的关注和支持，并努力寻求各种方法将其付诸实践。然而，尽管父母们很清楚这种鼓励式、互动式的现代教育模式对孩子的未来发展很重要，但是由于家庭的人手和资源有限，理论与实践之间仍然有着巨大的鸿沟。因此，父母们通常只有一个选择，那就是在资源少、人手不足的情况下尽可能地为孩子提供最好的教育。

在这样的背景和挑战下，家长们必须想尽办法，使用一些小技巧和富有想象力的创意来让家庭教育变得更轻松。采用经过反复验证的东西或做法，将有助于实现这一目标。玛利亚·蒙台梭利在托盘上给孩子们布置简单的任务时，就曾想到，为何不在托盘上给孩子设计一些操作和练习任务，让他们随时都能进行游戏呢？

现在，我们把这些想法变成了现实，为各个年龄段的孩子设计了一系列不同难度的托盘游戏。每种托盘游戏的任务都可迭代，挑战难度也会随之升级，我们对此均做有标识。此外，这些游戏托盘还便于仿制。

本书的想法来自于唐亚·莱施，她是一名幼儿园教师。有一天她联系我们，提出了很多关于托盘游戏的问题和一些令人兴奋的个人想法。她和我们的教育专家一起见证了这本书的诞生。卡拉克斯雨滴屋托儿所和卡拉克斯阳光屋以及柏林卡拉克斯萤火虫幼儿园的工作团队一起完成了游戏托盘的研发、设计和制作。我们的专家加布丽埃勒·霍尔贝克则陪同摄影师芭芭拉·迪特尔一起拍摄了本书的图片。

最后，亲爱的读者朋友们，我们欢迎您随时提出宝贵的意见和建议。

目 录

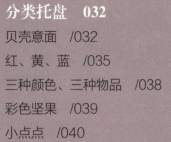

导言

哪种托盘合适？

只要是便于孩子抓取和携带的托盘，基本上都可以用。建议选择尺寸与家里现有的置物架匹配的托盘。如果会用到水，则首选塑料托盘。练习倾倒时，应选择底部密封性较好的托盘，以防止东西漏下来。托盘的边缘也不宜过高，以方便孩子能轻松拿取托盘里的东西。我们还可以用大一点的鞋盒盖子做个托盘。只要在鞋盒盖子上糊几层纸，粘牢就可以了。

如何为托盘设置合适的操作任务？

观察是一切教育手段的基础，因此在设计托盘之前，首先应当进行观察。

在制作和使用新的托盘之前，您要问自己以下问题：

- 孩子们目前经常进行什么活动？
- 在现在这个成长阶段，他们对哪些事物感兴趣？
- 他们能做成什么，哪些还做不好，哪些根本就做不了？

回答完这些问题，可以看看下面的表格，我们将向您展示一位名叫马克斯的小朋友的案例，告诉您如何通过观察孩子的行为而推断出适合孩子的托盘游戏。

观察	挑战	商定结果
马克斯，1岁8个月，非常喜欢分类整理东西。 玩积木时，他总喜欢将小动物放回置物架，并且从不把小动物和小汽车放在一个格子内。 马克斯尤其喜欢研究家居用品，然后对它们进行分类。	马克斯应该挑战更复杂的分类任务。 分类整理能锻炼儿童的手指灵活度和小肌肉运动技能。另外，在托盘上进行练习还能提升专注力。 此外，我们也会给予孩子在家进行分类整理的机会。	试着给马克斯一个分类托盘，让他分拣面条或不同颜色的球。 给他一个小勺子，以锻炼他的小肌肉运动技能。 在家吃饭时，可以让马克斯帮忙摆桌子或收拾盘子。

在接下来的几周内，马克斯小朋友将接受越来越复杂的分拣挑战任务，在无意识中锻炼小肌肉运动技能和专注力。

现在，您可以仿照上面的案例，开始观察孩子，决定给孩子什么样的挑战，以便让他们达到下一个阶段的发育水平。您要思考一下，在未来几周的挑战训练中，要给孩子准备哪些材料、什么样的主题，以及孩子可以进行哪些操作。

另外，您还可以根据孩子的发育水平调整每项任务的难度。有了适合孩子发育水平的任务托盘，日常看护和训练、教育将会更加轻松。

怎样设置托盘上的任务？

首先要考虑，孩子应该学习什么，或者应该练习哪些技能。然后找一项合适的训练去实现这个目标。接下来，想想做这项练习需要哪些材料，并想办法获取这些材料。然后，考虑一下希望这个托盘可以完成哪些难度的任务，以及一开始先把哪些材料放上去，随后添加或更换的材料都是哪些。

任务的刺激性

任务必须明确

一方面，托盘上的活动应该是不言自明的。换句话说，托盘上的布置应当清晰明了，以使孩子能清楚地知道自己面临的挑战是什么。

另一方面，托盘上的任务必须以开放的方式提供给孩子。比如，在用积木堆叠塔的游戏中，要把圆环放在木棒旁边，而不是给孩子一个任务已完成的托盘。这样就可以刺激孩子尝试把圆环套在木棒上。这个开放原则适用于所有的托盘游戏。

清晰和秩序

秩序和结构是保持托盘可管理和任务清晰的关键。建议使用分格托盘，或试着将托盘分成不同的小格。您可以在很多幼儿园用品商店里找到分格的托盘。或者，您也可以通过在鞋盒里粘贴纸板条来分格。如果您无法做到这一点，那么无论如何要在托盘上放置一些不同的材料碗，让托盘更有秩序。

留出创作空间

在设计托盘时要充分利用孩子们的好奇心，摆放一些孩子们喜欢玩的材料吧！允许孩子去尝试，去按照自己的方式完成任务，让他们有机会自己决定如何对待托盘上的东西。

原则：所有东西要归集在一起

为什么一定要用托盘？一张较大的纸或桌垫也可以呀。虽然这样也不是不可以，但是如果用托盘，那就可以利用框架，让孩子能更清楚地理解自己的任务或活动范围。这个框架能够让孩子明确自己的操作场所，并让他们知道哪些东西属于这项任务。另外，用托盘的话，操作任务和操作场所都可以很方便地转移到另一个地方。

　　总之，托盘发挥着框架的作用，用于转移游戏材料，以及暂时保留并展示任务完成后的成果。不管是串好的项链，还是分类好的物体，或者是拼好的拼图，都可以呈现在托盘上。即使把托盘放到了置物架上，孩子们也能继续欣赏他们的手工作品。

　　托盘可以方便我们将所有东西整齐地归置起来，再次使用时也便于找到。它不仅便于孩子们操作，还十分便于整理。特别是对于小孩子来说，秩序和结构非常重要，因为它们能够给予孩子安全感和方位感。这就是为什么小孩子游戏一结束就喜欢将东西放回去。有了托盘，这会变得非常容易。

案例：倾倒托盘

　　孩子应该学会安全地倾倒液体。您可以在托盘上布置一个常见的用餐场景，比如将平时用的茶壶和茶杯放在托盘上。刚开始时，可以用玉米粉代替水，因为玉米粉较容易倒回茶壶里。

　　准备托盘时，只要把玉米粉放进茶壶，和茶杯放在一起，孩子自然就会试着将玉米粉倒入杯子。

　　当孩子掌握了这项技能后，就可以将茶杯换成带有漏斗的瓶子了。如果孩子借助漏斗可以成功地将玉米粉倒入瓶中，那么下一阶段就可以去掉漏斗。

有趣的学习型托盘——托盘上不言自明的任务

发现、训练、练习、重复、发明、重新组合——托盘上的任务安排要涵盖所有这些技能的训练。当然，家长必须得充分运用想象力和动手能力，设计令人兴奋和刺激的挑战任务，但这些努力是值得的。孩子集中注意力、全神贯注地进行操作，就是对一个成功的托盘设计的回馈。

您想在托盘上设置哪些任务完全取决于您的想法，以及您拥有多大的空间，有多少人手。如果场地较小，那么绘画和手工托盘比较适合家长们为孩子建立自己的"迷你工作室"。如果已经有"工作室"，那这些托盘就是多余的，因为孩子们在那里就可以大大方方地画、粘、切、撕，也不必立即清理。但是如果桌子马上还要用来吃饭，那这种情况下托盘就会比较实用。

因此，到底是用托盘还是用其他方式让孩子进行这些活动，都取决于您的客观条件。托盘在某些情况下很实用，但也并非所有的活动都一定要在托盘上进行。

用游戏托盘实现各种任务

我们可以设计多种多样的游戏托盘，比如绘画托盘、倾倒托盘、手工托盘、分类托盘、实验托盘、串珠托盘、镜子托盘、图案托盘、拼图托盘、编织托盘、水托盘、形状托盘、彩色托盘、数量托盘以及很多其他托盘。

关于游戏托盘的重要信息

托盘要存放在某个地方。孩子们可以自由使用的托盘应该整齐地放在一个架子上，并且架子要足够低，以便孩子们能看到上面的东西并能轻易够到。架子附近还要有一张桌子或者操作台，以便孩子们把托盘放在上面玩。特别小的孩子总是喜欢将托盘放在地板上，坐在地上玩。

家长使用的托盘或只有在家长的监督、陪同下才可以使用的托盘，应当放置在较高的架子上。高度应该是成年人眼睛那么高，以便家长能看到托盘上的东西。进行托盘游戏时，由家长将托盘拿下来。架子上可以贴上各种托盘的照片，这样一眼就能看出哪个托盘在哪个位置。

成功的托盘游戏的几个基本原则

若想让托盘游戏成功有效，在给孩子托盘之前，您要问自己以下几个问题：

- 托盘上的任务是否清晰明了？
- 托盘上摆放的物体顺序是否一目了然？
- 托盘是否进行了分格，或者材料能否借助碗进行分类？
- 材料的分类是否容易领会？
- 托盘上的物体摆放，是否能让孩子看出来要进行什么操作？

只能在成人监督下使用的托盘应该在边缘做上标记，我们常常使用一只眼睛的符号来标注。另外，把托盘上物品的照片粘贴在托盘上也会很有帮助。这样，孩子们就能一目了然地看到哪些物品属于该托盘，以及将托盘放回架子时应该是什么样子。除此之外，将照片粘贴到架子的底部或侧面也能达到同样的效果。

注意事项

　　托盘游戏不能取代任何自由玩耍活动。托盘游戏并不能充分满足孩子们自由探索和玩耍的需求，因为它们所能提供的材料非常有限。除了游戏托盘外，孩子们在家庭或幼儿园还会见到各种各样的游戏材料，包括所有安全的日常用品。注意：游戏托盘虽然作为一种补充，丰富了实验性的游戏材料，但永远不能替代它们！

写给刚学会爬和坐的孩子们
——面向学步幼儿的3种托盘

　　首先，向那些还在蹒跚学步的幼儿介绍一下游戏托盘。托盘的四个边缘为孩子们提供了清晰的边界，他们须要在这个范围内开展基础的实验，发现其中的物体。并且，接下来的很长一段时间里，他们将一直以这种方式探索周围的一切。这些游戏活动是下面即将介绍的许多托盘游戏的起点，这里先用一种简单的方式来展示一下。

隐藏式托盘

把一个东西丢进别的东西里，让它消失！——在这类实验的最简单版本中，孩子只需要一个大的开口罐和一些要丢入的物品。这些物品包括：能够轻易丢进去的，不太容易丢进去的，以及丢进去以后有声音和没有声音的。在这个托盘游戏中，将某些物品丢进罐中会听到很大的声音——这样的实验特别适合正处于感官发育阶段的孩子！

叠塔式托盘

　　孩子们很早就会开始尝试用堆积东西的方式来达到一定高度，所以初级的游戏托盘应该包含可堆叠的物品，例如一个现成的堆叠塔，或一组大大小小的积木。在这种情况下，托盘原则会产生积极的影响，因为在堆东西的时候，孩子们喜欢不受干扰独自完成。比起在地板上玩，或者有其他孩子在旁边吵闹，在托盘上玩当然更容易达到独自完成的目的，并且他们如果愿意，还可以让自己的作品在托盘上保留一段时间。

悬挂式托盘

　　跟隐藏式托盘正好相反，当孩子将带孔的东西套在木棒上，两种东西就会连接起来。为了使幼儿产生兴趣，可以在锥形塔桩上套各种形状的环形东西。这些东西可以是日常用品，例如剪好的纸筒，或者图中所用的手环。

隐藏式托盘

咔哒——消失了

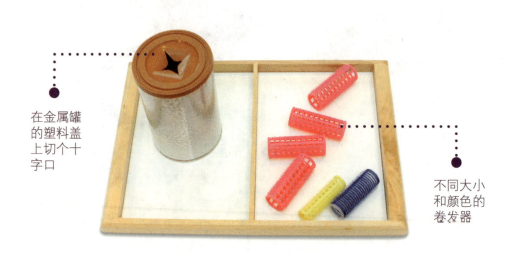

在金属罐的塑料盖上切个十字口

不同大小和颜色的卷发器

孩子们可以用它做什么

　　孩子们很快就能理解这个托盘的任务：将卷发器通过盖子的切口塞入罐中。卷发器的波纹表面在插入时总会发出咔哒声，这种声音会随着塞的速度和卷发器波纹面的大小而变化。由于卷发器有各种各样的颜色，孩子们可能会在塞入罐子之前将它们按颜色分类，比如先放红色的，然后放黄色的……这样整个过程又变成了分类练习。当所有的卷发器都塞入罐子里后，孩子会打开罐子取出所有五颜六色的卷发器，然后重新开始！

孩子们可以探索和学到什么

研究物体的永恒性：塞进去的东西是消失了，还是被隐藏了？

研究物体下落：将东西塞进去后，可以清楚地听到它砰的一声掉在罐里。

锻炼手眼协调性：只有竖着并且给卷发器稍微施加点力，才能让它穿过罐子上的切口进入罐中。

发现声学现象：首先会听到咔哒声，然后是砰的一声。

制定一个顺序：塞入的时候，按照卷发器的颜色还是大小来排列呢？

学习数数：六个卷发器中有四个已经在罐中，还剩下几个？

训练小肌肉运动技能：谁能将盖子从罐子上取下来，再重新牢牢地盖上？

要注意什么

注意要将切口处的四个边磨圆，还要定期检查塑料盖是否有撕裂，以免孩子在塞物体时伤到手。还有一种虽然不危险，但有时很烦人的情况：孩子们也会将其他东西塞入罐子里。所以，要定期检查！

毛线球在哪儿

在金属罐的塑料盖上开一个圆形切口

各种颜色的毛线球

孩子们可以探索和学到什么

　　孩子们这次是将毛线球塞入罐子里。相比那些硬硬的、手感比较粗糙的卷发器，毛线球摸起来软软的，看着也比较好看。与卷发器托盘不同的是，毛线球要先用手压扁才能被塞进去。

　　当晃动这个塞了毛线球的罐子时，孩子们会发现，他们只能听到轻微的、低沉的声音。再多塞几个进去，里面就好像没什么动静了。这也是一个有趣的发现。操作熟练的孩子可以尝试将罐子倒过来，或者从塑料盖的切口里把毛线球取出来。

万能的金属罐

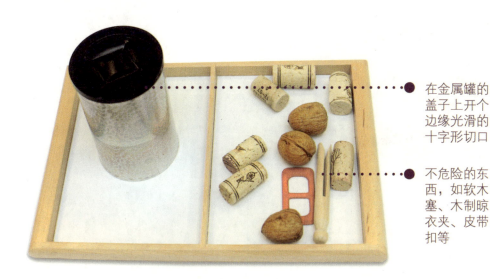

在金属罐的盖子上开个边缘光滑的十字形切口

不危险的东西，如软木塞、木制晾衣夹、皮带扣等

孩子们可以探索和学到什么

　　如果托盘上放了不止一种物体，既有颜色各异的同一种东西，又有形状和纹理各不相同的各种东西，那么孩子就可以训练不同的运动技能，并听到不同的声音。例如，圆形核桃可以从任何方向通过切口放入罐中，而长长的钉子则得垂直放入。如果切口是十字形的，那么可能最适合放入皮带扣这样的扁平物。另外，物体落入罐中时，也会发出不同的声音：软木塞声音比较沉闷，木夹子更响亮清脆一些，皮带扣则丁零当啷的。

倾倒式托盘

流动的大米

大米

小量杯

大量杯

孩子们可以用它做什么

1岁的孩子喜欢倒东西。倾倒时，相比于水，大米会缓慢地流动，更方便孩子观察倾斜时物体的运动状态，以及突然掉落下来的过程。

最简单的倾倒式托盘是提供两个容器，一个容器里装着可以倒的东西，另一个容器空着。就像孩子们在水龙头边儿自主地把水从一个杯子倒到另一个杯子里一样，他们也可以在托盘上倾倒，但这里不会出现水洒得到处都是的情况。大米缓缓地从一个容器流到另一个容器里，不仅方便观察，而且会发出悦耳的声音。

孩子们可以探索和学到什么

训练小肌肉运动技能：练习手臂的杠杆动作和手腕的旋转动作。

锻炼手眼协调性：孩子们须将大米从一个容器倒入另一个容器中，并尽可能不让大米漏出来。

培养自我意识：就像日常生活中的其他练习一样，练习倾倒也可以培养孩子的自我意识："看，我会自己做了！"

探索重力：稍微一倾斜，大米就会滑落进杯子里，再倾斜一点，它们就直接掉下去了。这是为什么呢？

倒豆子

豆子

玻璃壶

两个相同
或不同的
杯子

孩子们可以探索和学到什么

　　这是倾倒式托盘的升级版，结合了倾倒的乐趣和认知挑战：豆子放在了玻璃壶里，而且用来接豆子的杯子有两个。孩子们自动就会推测数量：壶里的豆子够装满一个杯子还是两个杯子？我是要向两个杯子装入相同数量的豆子，还是要先倒满一个，再把剩余的倒进另一个？特别是当两个杯子不相同时，孩子们通常会决定先把豆子倒入大杯子，再把大杯子里的倒入小杯子。

倒面粉

- 漏斗
- 瓶子
- 量杯或壶
- 粗面粉

孩子们可以探索和学到什么

这个倾倒式托盘更加专业：这里用的材料是粗面粉，要想把粗面粉通过细细的瓶口倒入瓶中，必须得通过漏斗才能完成。

另外，在尝试倒入的过程中，漏斗也为孩子提供了观察的机会，因为只有缓慢地将粗面粉倒在漏斗的正中间，才能使其以较快的速度流入瓶中。等量的粗面粉在瓶子里与在量杯中看起来完全不同。对孩子来说，将瓶子中的粗面粉再倒回量杯中的过程也很有趣。

倒水

带漏斗
的水杯

盛有水
的小壶

透明的
水杯

孩子们可以用它做什么

　　这是一个非常简单的托盘，它与我们生活中将饮料倒入自己杯子里的场景
非常相关。和许多其他托盘一样，它也具有催化效应：孩子们可以用它来练习
倾倒，以免因为吃饭时贪玩而将桌子弄湿。而且，在托盘上练习还能更快掌握
技能，从而独立自信地完成倾倒。

孩子们可以探索和学到什么

锻炼小肌肉运动技能和手眼协调性：倒水时须尽量注意倾斜的角度，不能因为倾斜过度而让水溢出，同时另一只手还要拿稳水杯。

培养自我效能感：这个过程训练了孩子独立进食时必备的基础能力。

直观地理解数量和比例：孩子可以通过观察宽水壶和细玻璃瓶来进行对比。由于它们都是透明的，所以孩子可以观察到，当一个容器里的东西越来越多时，另一个容器里的东西就会越来越少。

要注意什么

水要定期更换，玻璃容器也要经常冲洗，保持清洁。同时，染了颜色的水会更便于观察，使过程更有趣。

勺子托盘

学会用勺子

两只木碗

玉米粉

一把咖啡勺或一大一小两把勺子

孩子们可以用它做什么

这个勺子托盘很容易理解：准备两把大小不同的勺子或者一把咖啡勺，把玉米粉从一个碗舀进另一个碗。

孩子们很快就会开始将玉米粉从一个容器舀到另一个容器。吃饭时无法集中精力进行的练习，可以通过这个托盘完成。这个托盘能够让孩子练习两种非常典型的基础动作：运送物体，以及观察它们如何落入碗中。

孩子们可以探索和学到什么

锻炼小肌肉运动技能和手眼协调性：在运输玉米粉的时候必须尽量保持勺子水平，而碗里快空的时候，还要想办法把最后一点玉米粉弄进勺子里。

培养自我效能感：这个过程训练了孩子独立进食时必备的基础能力。

直观地理解数量比例：一会儿用大勺子，一会儿用小勺子，这样孩子就可以发现，用小勺子明显需要更长的时间。

要注意什么

年龄小的孩子在玩的时候可能会去吃这个安全又好吃的玉米粉。因此，出于卫生考虑，要定期清洗或者更换勺子和玉米粉。

分类托盘

贝壳意面

一只碗，里面放两种颜色的贝壳意面

糖夹

两只木碗

孩子们可以用它做什么

贝壳意面托盘是要孩子们给一堆混合物建立秩序，就像童话中的灰姑娘一样。首先将两种贝壳意面混合放在碗中，另外两只空碗是让孩子放分好类后的贝壳意面的。我们还可以让孩子们借助糖夹锻炼如何一个一个夹取贝壳意面而不会掉落，以此来训练他们的小肌肉运动技能。

孩子们可以探索和学到什么

孩子们可以通过分拣贝壳意面学习通过一个简单的特征区分物体。

用糖夹夹取贝壳意面和运送贝壳意面的时候可以锻炼小肌肉运动技能。

通过观察两只碗中贝壳意面的数量变化可以了解数量并学习数数。

要注意什么

贝壳意面可能会被孩子吮吸，然后在空气中变干。这样贝壳意面就会容易碎，因此要定期更换贝壳意面。

红、黄、蓝

三个盛有
水的玻璃
杯，分别
滴入不同
颜色的食
用色素

滴管

吸水纸

孩子们可以用它做什么

　　三个盛有不同颜色的水的容器能够让孩子们自由随意地混合有色液体。没有什么比这样更能体验混色了，而这通常是孩子在绘画时搞破坏的一种做法。

　　引导孩子使用滴管和吸水纸。首先，让孩子们用滴管吸取少量的其中一种颜色的水——这得高度集中注意力，滴在吸水纸上；然后，把另一种颜色的水滴在它的上方或旁边。这样孩子们就可以弄出不同的图案。

孩子们可以探索和学到什么

通过小心翼翼地操作滴管，可以锻炼小肌肉运动技能和手眼协调性。同时，他们会观察到以下三种现象。

现象1：在滴管中，放松捏住滴管胶塞的手后，水会被吸上来。

现象2：颜色混合后会产生一种新的颜色。

现象3：将水滴在吸水纸上时，通过纸的吸收和扩散，纸上的色渍会变大。

通过仔细观察上述三种现象，可以提高感知能力。

要注意什么

五颜六色的水看起来很好喝，并且是盛放在孩子们比较熟悉的饮用器皿中的，所以可能有孩子会去尝试喝这个水。因此，请注意使用食用色素！

三种颜色、三种物品

一个小的透明容器（放入红、黄、蓝三种颜色的东西）

三只碗（一只黄色，一只红色，一只蓝色）

孩子们可以探索和学到什么

从容器中夹取东西可以让孩子练习使用镊子，锻炼他们的小肌肉运动技能和手眼协调性。

通过观察这三个容器是否装得一样多，可以培养孩子对数字的感觉。

孩子可以学习认识、分辨颜色并对其进行归类。分类以后，自动就会产生不同的类别。

彩色坚果

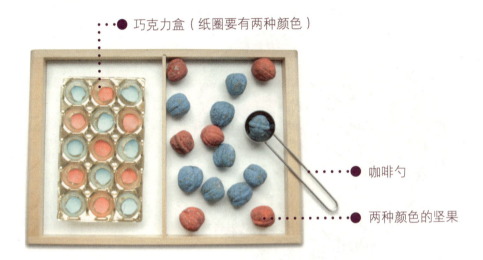

巧克力盒（纸圈要有两种颜色）

咖啡勺

两种颜色的坚果

孩子们可以探索和学到什么

　　相比用夹子夹取较小而难夹的贝壳意面，这个托盘明显要简单得多。托盘上是一些经无毒的防水颜料染色的核桃，以及一个咖啡勺和一个巧克力盒，巧克力盒内部的纸圈颜色与坚果的两种颜色相同。孩子们可以试着用咖啡勺每次取一个核桃，然后放入相应颜色的纸圈中。当然，如果使用的坚果数量是年龄较小的孩子也数得清的数量，那会更简单。

小点点

经食用色素染色
的水

滴管

带吸盘的肥皂架
（日用品商店有售）

孩子们可以用它做什么

　　水滴也可以用来分类！孩子们用水做实验时，通常玩得都比较嗨，会将水洒得到处都是，也从不担心水会洒完。

　　虽然这对孩子们来说很有趣，但另一种玩法也同样具有吸引力：让孩子们小心翼翼地从碗里一滴一滴吸出有颜色的水，然后滴入肥皂架的微小吸盘中。这是一个极其考验耐心的游戏，但努力和细心会得到回报，因为各种不同的颜色能够激发孩子独立地在这个小吸盘中创作出五彩斑斓的图案。

孩子们可以探索和学到什么

他们将观察和思考一种现象：为什么滴管能将水吸起来而不掉下去？

通过小心地吸取水滴，然后更加谨慎地滴入肥皂架的吸盘，可以锻炼他们的小肌肉运动技能。

另外，他们还可以自己调整肥皂架吸盘的样式，学习简单的设计。

要注意什么

请注意：对于喜欢小肌肉运动的孩子来说，这是一个好玩的任务。而对于大胆、活泼好动的孩子来说，这种操作很快就会成为一种折磨。就像其他托盘一样：我们只提供这种玩具，但从不强迫孩子应该玩哪种！

叠塔式托盘

有趣的套环游戏

环形刷子

木珠子串
成的圆环

发带

圆木环

堆叠塔

孩子们可以用它做什么

用来套的环是由相似的材料制成的，这款套塔托盘用软的、硬的、粗糙的、光滑的物品向我们展示了如何在玩的时候保持挑战性。因为在这个游戏中，每件物品都要以不同的方式套上。

在套的时候，有的东西要拉开，有的要用力往下压，有的则直接放上就行。每一样东西要使用的方式都不同，不管是粗糙的刷子还是柔软的发带。这是多好的感官体验啊！

孩子们可以探索和学到什么

了解材料的特性：每种材料摸起来都不一样，套的时候也得采取不同的方式。有的轻而易举，有的则要费点劲儿才能套上。

尝试设计：每次往上套的东西顺序不同，堆出来的塔看起来也会不一样。

投环套物

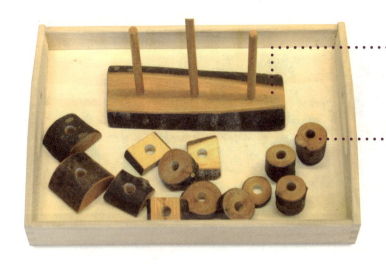

插有几根棍子的木板

大小合适且形状不同的圆环或带孔的物体——这里用的是钻了孔的成节的树枝

孩子们可以探索和学到什么

在托盘上，孩子可以将注意力集中在这种熟悉的堆叠活动上——当孩子开始对"把物体连接起来"感兴趣时，就会喜欢玩这种游戏。

在这个游戏中，除了套入，还有一种有规则的任务：传统的堆叠塔中，越往上圆环越小，孩子们通常也是按照这样的顺序进行堆叠。与之不同的是，这个游戏没有明显的排列方式，而是有多种可能性，例如，既可以在每根木棍上分别套上不同形状的东西，也可以在所有的木棍上都用一样的顺序套上不同的东西。在套之前或往上套的过程中，孩子们就要对东西进行分类了。

分分类

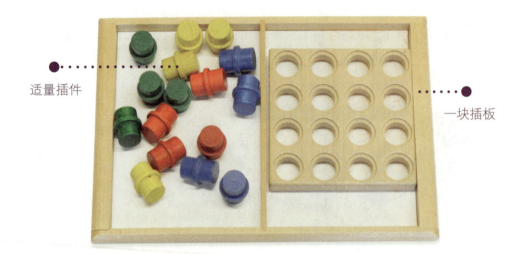

适量插件

一块插板

孩子们可以探索和学到什么

　　一边放着插件，一边放着插板：传统的插入式游戏很适合在分成两块区域的托盘上进行，因为这样不用一直找丢失的插件。这项活动既能让孩子享受探索连接的乐趣，又能帮助孩子集中注意力，并激发他们的想象力，创造五彩斑斓的图案。

拼图

不同主题
的拼图

孩子们可以探索和学到什么

    要想重现图案，必须得仔细观察图片。在托盘上玩拼图游戏除了能锻炼孩子的认知能力外，还能以简单的方式训练对孩子今后发展十分重要的一项能力，即先设计再制造的设计思维能力。

聪明的小木棒

不同长度的小木棒

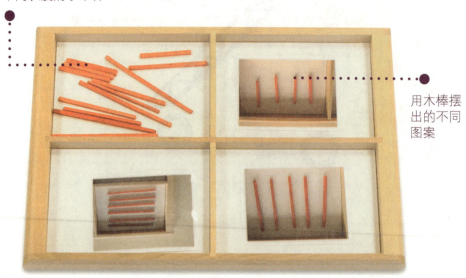

用木棒摆出的不同图案

孩子们可以探索和学到什么

　　同样，这里也要仔细观察：孩子们要数出图片上有多少长棍，有多少短棍，然后在托盘上摆上相同数量的木棒。另外一种玩法是按照一定的顺序将木棍拼成某种给定的图案，比如矩形、房屋。

穿线托盘
用线穿珠子

珠子，环，或者类似的中间有孔的东西

绳子，一端系上一个木环

　　这个托盘上也需要穿插，但不是插在固定的杆子上，而是将东西穿在绳子上。这个游戏跟"连接"主题的游戏一脉相承，最终要通过尽可能选择不同的物件来穿成一条彩色项链。

　　这个托盘游戏的难度可以根据孩子的发展水平来改变。刚开始可以使用大孔的珠子和很硬的绳子，然后逐渐换成孔越来越小的珠子和越来越软的线。

　　另外，意大利通心粉也可以用线来穿。

孩子们可以探索和学到什么

集中注意力用线穿过珠子或木环的孔，可以锻炼孩子的小肌肉运动技能和手眼的协调性。

通过有顺序地穿珠子可以培养孩子的分类排序能力。

项链在孩子的生活中很常见，可以让孩子了解日常物品的生产过程。

要注意什么

绳子或线一定不能长得能绕脖子几圈，那样会很危险。

纽扣托盘

四眼纽扣

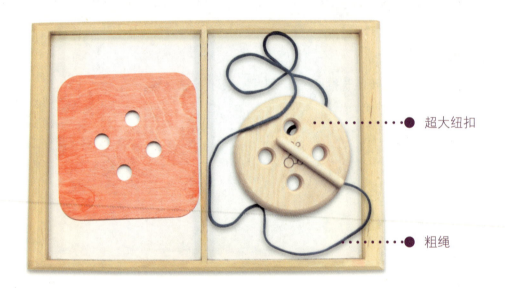

超大纽扣

粗绳

孩子们可以探索和学到什么

　　这是穿线托盘的进阶版本，可以让人联想到与连接有关的日常现象：用线一圈一圈地钉纽扣。当然，孩子可能会感到很吃惊，因为这个扣子钉不好可是会掉的。那么怎样将它钉牢呢？可以用托盘上的练习纽扣来研究。这样孩子就可以在房间的一个安静的角落（最好能对着墙）里，集中注意力完成这项任务。

编织托盘

编辫子

● 三根毛线

● 一个夹板

孩子们可以探索和学到什么

    编辫子也是日常生活中很常见的一种连接活动。我们要把三根毛线固定在夹板上，这样孩子们就可以通过不停地尝试和调整，来熟练掌握这项复杂的技能了。

寻宝托盘

淘金游戏

装有染色细
沙的深口碗

纽扣、珠
子、小石
头等

金属碗

筛子

孩子们可以用它做什么

　　一碗沙子可以充满惊喜！就像一个孩子在沙坑里翻找东西时，突然发现了遗失已久的玩具，在这个托盘里，孩子可以发现藏在沙里的宝藏，并借助筛子把它找出来。筛子应当尽可能地充满吸引力，让孩子使用这个筛子，而不是用手指乱翻。孩子们可以像使用铲子一样，用筛子把沙子从大碗里弄出来，然后将沙子慢慢筛掉，留下埋藏在里面的东西（可以偶尔换换东西，使得游戏更有趣），然后倒在另一个碗中。

研究这个过程：看着沙子从筛子中缓缓流下很有趣！

探索物理关系：为什么沙子能透过筛子流下，而藏在沙子里的东西不能？

锻炼小肌肉运动技能：并不是筛子晃动越厉害，沙子流得越快，而是在轻轻晃动筛子的时候沙子流下来的速度最快。

学习通过某些特征识别物体：埋在沙里的东西刚刚露出一小部分，孩子们就开始猜他们刚才把什么铲进筛子里了，不是吗？

要注意什么

筛子要比塑料碗小得多才可以，否则托盘上很快就会堆满沙子。也不要使用不适合儿童玩的沙子！

镜子托盘

魔镜魔镜

细沙，
覆盖整
个镜面

铺满整个托盘底部的镜子（锡箔
或经切割、打磨后粘上的镜子）

洗锅刷或牙刷、
海绵刷、海绵

孩子也可以用这个托盘发现沙子里的"宝藏"。寻宝的过程中要使用可以在沙子中画出痕迹，或者可以把沙子推到一边的工具，比如各种刷子或毛笔。沙子下方的画面总是令人惊讶——因为那是孩子在镜子里看到的自己！

由于我们没有提供勺子或碗，孩子们不能完全将沙子清理掉，所以当工具划过，孩子们刚发现一点镜面时，镜子又会马上被沙子自动覆盖住。因此，这里同时包括隐藏和发现两个主题。

孩子们可以探索和学到什么

学习研究因果关系：每个工具在沙子中都会留下不同特征的痕迹。

识别特征并密切观察：孩子可以研究沙子中露出的镜面成像，看看露出的是自己的眼睛还是头发。

锻炼小肌肉运动技能：轻柔平滑地移动刷子或海绵，沙子并不会很快地顺着刷子或海绵的痕迹滑回去，这样一来，显示出的镜面就会比较大。

要注意什么

沙子必须保持干燥。因为湿沙子容易粘在镜面上，而且容易让镜面成像变得不清晰。

痕迹托盘

好玩的滚轮

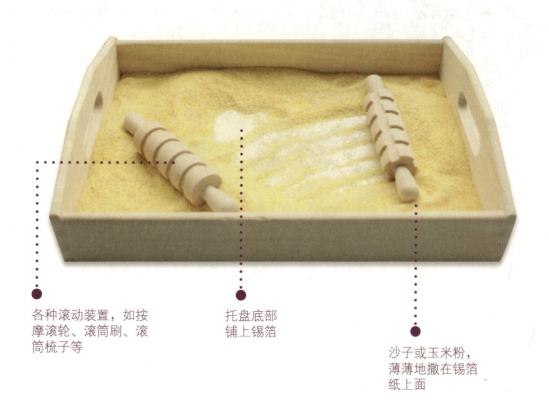

各种滚动装置，如按
摩滚轮、滚筒刷、滚
筒梳子等

托盘底部
铺上锡箔

沙子或玉米粉，
薄薄地撒在锡箔
纸上面

孩子们可以用它做什么

任何物体都有自己特有的痕迹。经常玩沙箱或者经常跟动物玩耍的小孩不可能注意不到这个现象。在这个托盘上，孩子可以用不同的滚动装置在沙子上滚出痕迹。两个人玩的时候，可以把它变成一个猜谜游戏，问哪个痕迹是哪个滚动装置留下的。

孩子们可以探索和学到什么

探索形状和图像：孩子将学会把滚动装置的造型与其产生的痕迹联系起来。

激发设计创造力：因为孩子会很自然地想用轮子滚出痕迹来。

锻炼小肌肉运动技能：想要尽可能地滚出清晰的痕迹，就要均衡施力，平稳地向前滚动轮子。

要注意什么

可以发散思维，让孩子们尝试更多制造痕迹的做法，例如可以用滚轮画画。

绘画托盘

画点什么

一张厚实的A4纸

质量好且已削尖
的蜡笔或铅笔

孩子们可以用它做什么

这个托盘与绘画游戏略有不同，这也正是托盘的亮点所在：由于托盘上的绘画面积被纸张限定，所以托盘可以为孩子提供指导，而且纸张不会滑动。通过这种方式在托盘上作画，那些喜欢安静的孩子就可以完全专注于用纸和笔画画了。

孩子们可以探索和学到什么

孩子们根据自己的想法画直线或曲线，可以锻炼小肌肉运动技能和手眼协调性。

孩子们写写画画，或抽象或具体，可以培养创造力和想象力。

要注意什么

和孩子们用的其他绘画材料一样，这里也要用厚点的纸，确保孩子在上面涂写乱画时不会戳破纸张。并且，我们还要查看铅笔是否削好了，因为笔尖断了或削得不尖的话，非常影响玩的乐趣。稍大一点的孩子玩的时候可以给他放上卷笔刀，或者在托盘上安一个自动削笔机，这样孩子们就可以随时削尖铅笔了。

手工托盘

剪一剪，贴一贴

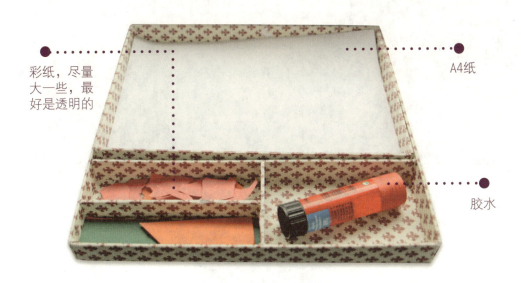

彩纸，尽量
大一些，最
好是透明的

A4纸

胶水

孩子们可以用它做什么

　　分开、连接，覆盖、揭开——孩子们喜欢玩这些游戏，即使他们有时候并没有设置清晰的目的。这种看似毫无意义的"为了切割而切割"的举动，常常让陪在孩子身边的大人抓狂。

现在，这一切都能在这个托盘上完成：彩色的纸条可以用剪刀剪开或用手指撕开，然后用胶粘在白纸上。如果不好好收藏孩子的这些"艺术作品"，那就太可惜了，因为孩子随后还可以用这些"作品"练习把纸一条一条揭下来（你当然不愿意看到孩子在壁纸上练习吧）。

孩子们可以探索和学到什么

通过完成托盘上的各种任务，可以锻炼孩子的小肌肉运动技能和手眼协调性。

而当透明纸叠在一起时会混合出新的颜色，可以锻炼孩子的洞察力。

通过有意无意地拼贴各种形状，可以培养创造力和想象力。

要注意什么

因为大人长时间在一旁监督可能会破坏孩子的兴趣，所以要使用适于幼儿的安全剪刀。另外，还要确保胶水随时可用。

锁托盘

锁和钥匙

四把不
同的锁

一只小碗，
碗里放入四
把钥匙

孩子们可以用它做什么

　　四把钥匙和四把锁，显然是要让孩子找出哪个钥匙配哪把锁。为了最终
打开面前的四把锁，孩子们必须掌握这一系列步骤：首先要找到哪个钥匙能插
入哪个锁孔；然后找出钥匙转动的方向；感受和理解不同锁在打开时的用力大
小，以及它们不同的锁定方式。直到孩子学会将每把锁都重新打开或重新锁
上，这个游戏才算结束。

孩子们可以探索和学到什么

只要用一只手稳稳拿住锁，另一只手熟练拧动钥匙就可将锁打开——这可以锻炼小肌肉运动技能和手眼协调性。

通常，成年人才可以掌管钥匙，他们可以用神奇而充满魔力的钥匙打开大门，而掌握这个技能对孩子来说不仅好处多多，而且很有吸引力——这可以培养孩子的自信。

孩子可以试一试，然后记住哪个钥匙配哪把锁，也可以通过仔细观察钥匙和锁孔的形状和大小来进行判断——这可以让孩子学会仔细观察并建立联系。

转动钥匙时，锁的内部会发生什么？——这可以让孩子开始学习掌握力学概念。

要注意什么

此游戏切勿让孩子在无人看管的情况下进行，因为他们可能会将钥匙放入嘴里。

旋入式托盘

配对

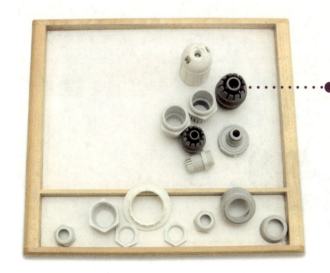

各种螺旋式物体，
例如灯座

孩子们可以用它做什么

　　每个螺旋式物体对孩子来说都可能是个谜，它们要比一般的玩具更有意思。孩子们会想：我该怎样拧动它呢？我的力气够大吗？需要工具吗？这个托盘提供了一系列尺寸较大的、比较日常的螺旋式物体。由于物体的螺纹具有不同的直径和螺距，因此要找到和它匹配的部件需要点时间。

孩子们可以探索和学到什么

孩子可以明白如何正确地将螺母拧在螺丝钉上，如何旋转螺母，以及如何反向固定螺丝——这可以锻炼手眼协调性和小肌肉运动技能。

通过思考究竟是怎样把螺丝拧紧的，孩子可以学习认知力学。

孩子们会发现用手指从头到尾追踪螺纹的轨迹非常有趣——这可以让他们学习仔细研究日常物品。

我们在哪里碰到过这些螺旋东西？这些部件是干什么用的？——思考这些问题，可以促使孩子认真观察日常现象。

要注意什么

与其他的DIY材料一样，在把这些东西摆在托盘上之前，我们也要先进行一遍安全检查，看看是否有锋利物，或者是否需要先用细砂纸把锋利边缘打磨光滑。另外，灯座中的小零件可能会被孩子吞下去或伤到孩子，所以请用螺丝刀拆卸下来。

开关托盘

控制开关

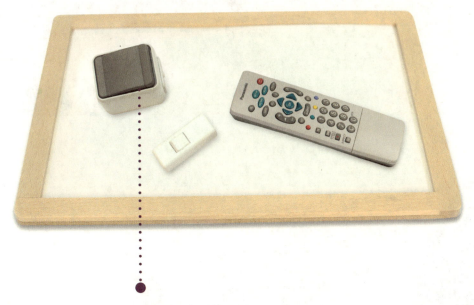

常见的各式各样的开关，
例如折叠开关、旋转开关、
按钮、遥控器等

孩子们可以用它做什么

孩子们很小就开始对开关产生兴趣了。也难怪，因为只要一按下开关，就会发生一些不一样的事情。哪怕是单击、翻转、旋转这样单纯的开关操作也会让孩子们兴奋不已。因此，我们在这个托盘上提供了一系列开关，尽管它们并不会真的生效，但对孩子来说也足够有趣。孩子必须弄清楚如何操作每个开关，如何在握住的同时按下，或者如何转动或翻转它。

孩子们可以探索和学到什么

锻炼小肌肉运动技能：开关要怎样操作？如何用第二只手握住它？

了解日常生活：在什么情况下会见到这里的这些开关？按下开关能打开哪些东西？刚刚操作过的开关内部和背面是什么样的呢？

要注意什么

切勿在托盘上放置电源插头或插座，因为这可能会诱使孩子玩真正的插头。要跟孩子讲讲真开关有哪些危险！

机械托盘

机器内部

从旧的CD播放机或录音机中拆出的两三个部件

孩子们可以用它做什么

　　孩子们从特别小的时候就开始对日常电器的内部构造着迷。这并不奇怪，因为里面总是藏着很多能让他们兴奋的东西：可旋转的齿轮、闪闪发光的奇形怪状零件……这个机械托盘上会提供这些物品，让孩子们进行初步研究。

　　他们可以利用从盒式磁带录音机和CD播放机的内部拆下来的部件，试着转动齿轮，带动皮带轮或按下按键，进而猜出这些东西在原来的地方是用来干什么的。

他们可以了解力学，比如，如何在一个地方施力，而让另一个完全不同的地方动起来。

孩子们还可以了解一些技术，思考拆下来的这个部件在机器中是怎样工作的。

同时，孩子们也会对电进行思考：电流是以什么形式来启动我现在手上的操作的？这是一种什么样的力？这种力从哪儿来？

要注意什么

切勿使用锋利、尖锐或者会流出液体的物品。

拆卸托盘

拧螺丝

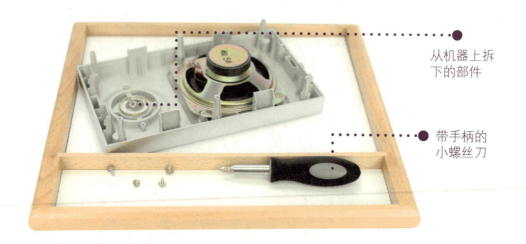

从机器上拆下的部件

带手柄的小螺丝刀

孩子们可以探索和学到什么

　　已经学会熟练使用螺丝刀的儿童可以直接开始了解部件的内部——请参阅前一个托盘。这个托盘会提供一个设备，或者是设备上一个较大的部件，以及一把螺丝刀。螺丝刀得选择合适的，不能让它在插入螺钉时打滑，这样孩子不用太使劲就可以拧动。

　　对于拧得非常紧的螺丝，最好先松动它们！然后，一会儿工夫，托盘上的设备就可以进一步拆卸了。拆下来的合适的零件可以用在下一页即将介绍的托盘上。

螺丝托盘

拧螺丝

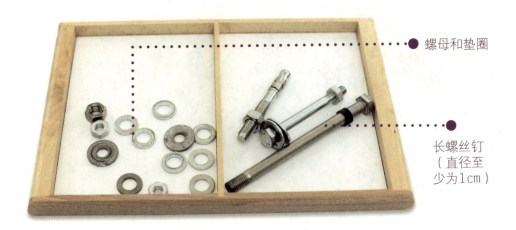

螺母和垫圈

长螺丝钉
（直径至
少为1cm）

孩子们可以探索和学到什么

　　这是由"配对托盘"演化而来的托盘，用于进一步练习。这个托盘用的不是初学者托盘上那种塑料螺旋盖，而是螺钉或螺栓，以及螺母和环形垫圈。这个托盘可以让孩子们体验"真实的"拧螺丝。由于这些螺钉和螺栓具有不同的直径，因此孩子们要为每个螺栓或螺钉找到配对的螺母和合适的垫圈。

狗盘托盘

泡沫之梦

海绵

双碗狗盘

滴了洗涤剂的水

从无到有地创造奇迹——这就是孩子们可以通过这个托盘探索的现象。这种托盘的基本构造很简单，而且也适于幼儿进行一些有趣的实验。比如，如果狗盘的一个碗里盛满了水，孩子们自然就会将水转移到另一个碗里。这里提供的工具是海绵。孩子们可以用海绵不断地吸水，然后挤出来，最终完成转移。

泡泡现象很难解释。水中加了洗涤剂，所以在用海绵吸水挤水时会出现这样的现象：突然间产生越来越多的泡沫。有了足够的耐心，通过不断地尝试，孩子们很快就会知道怎样才能制造更多的泡沫。这个托盘能够让孩子们安静地体验一些东西，而这种体验可能只有在水槽洗碗时才能得到！

孩子们可以探索和学到什么

他们可以探索以下两个现象。

现象1：为什么海绵会吸水？吸满水后，海绵里的水藏在了哪里？

现象2：泡沫是怎样产生的？什么样的条件下泡沫能变大，什么时候又会消失？

可以研究数量：这个海绵能藏多少水？吸水和挤压时，水是否会流失？

可以细化感知：孩子们会看到一些小气泡堆在一起，认识到这是气泡，然后在较大的泡沫气泡中发现镜面效果和五彩斑斓的颜色。

要注意什么

虽然孩子不会吃泡沫或喝这个水，但是一定要首选环保、不伤皮肤的洗涤剂！

磁铁托盘

会施魔法的托盘

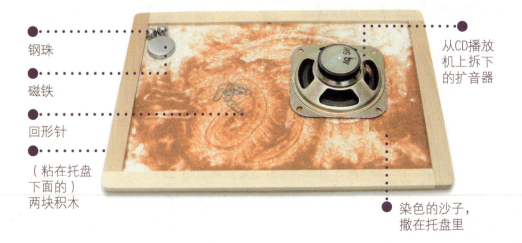

钢珠

磁铁

回形针

（粘在托盘
下面的）
两块积木

从CD播放
机上拆下
的扩音器

染色的沙子，
撒在托盘里

孩子们可以用它做什么

在孩子看来，磁力现象简直就是充满了魔力。它是一种可以巧妙地将某些
东西从一个地方移动到另一个地方的力量！

这个托盘，特别是托盘下面，将会呈现通过磁力移动物体的现象。为此，
托盘里会放上金属球和磁性物体，比如回形针。移动托盘下面的磁铁时，金属
球和回形针也会跟着移动，看起来就跟施了魔法一样。

而扬声器的背面具有很强的磁性，可以当作"吸尘器"，将所有磁性物体吸起来，或者用作托盘表面下的附加磁体。

金属在磁力的作用下运动时，会在薄薄的沙层中留下醒目的痕迹。

如果用细铁屑来代替沙子，孩子们还可以观察到铁屑被磁铁吸附在一起，看着就像结晶体一样！

孩子们可以探索和学到什么

磁力是一种非常激动人心的东西！他们可以探索这种自然现象，并通过这种体验，开始寻找其中的规律！

这个实验要通过两只手操作，因而可以锻炼他们的协调性。同时，由于金属球和回形针运动时留下的轨迹完全不一样，所以孩子们可以借此了解形状和痕迹。

这个托盘还可以培养孩子建立一个理性的世界观：尽管这看起来好像是魔法，但事实并非如此！

要注意什么

所有托盘都要注意：含有小零件的托盘要放在3岁以下幼儿接触不到的地方，并且仅能在成人监护下进行操作。

钟表托盘

时间的流逝

三个具有不同操作
模式的定时闹钟

一块手表

孩子们可以用它做什么

　　孩子不认识表上的时间，他们对时间几乎没什么概念。尽管如此，他们还是对各种各样的表都很感兴趣。这个托盘就为他们提供了一些钟表。因为只有小肌肉运动技能非常突出的孩子才会设置钟表，所以这里的钟表只是让孩子观察。

他们可以给闹钟定时，让它在一段时间后响。孩子们很快就能悟出来闹钟上刻度的作用——将时间分成短一些或长一些的时间段，而且能够马上在操作过程中证实它。通过这种方式，孩子们就能够初次体验时间的流逝。

孩子们可以探索和学到什么

培养时间感：在等待闹铃响的过程中，孩子们会意识到自己经历了一段时间。

预先体验数学：孩子们等待闹钟响铃和观察手表的指针走动后，可能会初次意识到时间是怎样计算的。

获得听觉体验：每种表走的声音几乎都是不同的。你能通过表针走动的声音辨别出是哪种表吗？

锻炼运动技能：通过给闹钟上发条，可以练习手腕的转动。

要注意什么

孩子们自己玩的时候，有可能会将手表绑得太紧而弄伤自己。

灯具托盘

光与电

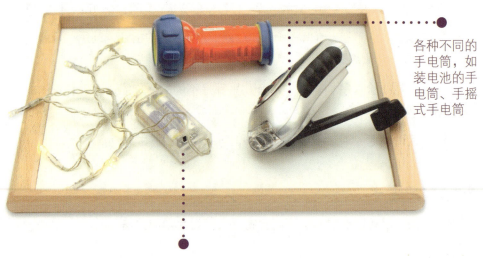

各种不同的手电筒，如装电池的手电筒、手摇式手电筒

一个开关，一个装电池的小灯串

孩子们可以用它做什么

　　电灯在我们的生活中如此常见，孩子们早已对它们习以为常了，几乎不会好奇它们究竟是怎么产生的。但是，这个托盘给了孩子们一个近距离观察电灯的机会。我们将提供几个手电筒，仔细观察手电筒的小灯泡，可以看到里面的灯丝。

用传统的手电筒，孩子们可以从电池盒里找到灯光的电源；而用手摇式手电筒时，孩子们则能体验到，电源也可以通过自己的身体来产生——只有当自己消耗体力时，灯才能亮起来。大一点的孩子当然也可以将电池盒拆开，把电池取出来，就像在"拆卸托盘"上拆零件那样。要知道，很少有设备适合这样做！

孩子们可以探索和学到什么

没有开关和电源，灯就不会亮——这给了孩子们理解其中的联系的机会。同时，孩子们会发现这种现象：光是在光源中产生的，在这里，光源就是灯丝。

这个托盘还可以让孩子了解日常生活中的联系，懂得我们日常生活中的很多方面都离不开电。另外，通过拆电池盒，然后重新组装，可以锻炼孩子的小肌肉运动技能和灵巧性。

要注意什么

务必要给孩子们讲清楚，我们这里用的是没有危险的电池，而日常生活中真正的灯都是通了电的，很危险，而且灯很热，绝不能触摸。

展望

圣诞托盘以及更多的托盘创意

圣诞托盘材料:

- 杯子
- 铲子
- 玉米粉
- 筛子
- 空碗
- 圣诞主题的小东西

我们还可以用托盘做什么

对于本书中的最后一个托盘，与其设置一项单独的挑战，不如用它来进行一些实验。孩子们可以倾倒、筛东西，或寻找宝藏。这个托盘游戏可以有固定的主题，例如圣诞主题的话，就加入一些典型的圣诞节装饰物。

这个想法是一家托儿所的工作人员提出来的，我们将其用在了本书中，来展示托盘游戏还能够并应该怎样延伸下去。虽然我们建议刚开始应该给孩子们设定明确的任务，这样可以给孩子们提供指引和方向。但是一旦孩子们掌握了托盘的玩法（他们确实能很快掌握！），我们就要开始给孩子们构建主题了。有时候大一点的孩子甚至会自己建议，可以在托盘上进行什么游戏。而当看到其他孩子正在玩他们提议的游戏时，他们会非常自豪。

设计托盘很有趣。不仅对教育工作者来说很有趣，对家长和孩子来说也一样有趣。家长们晚上聚会的主题可以是一起研发设计托盘。当父母们一起思考将什么物品放在托盘上时，他们会自动考虑孩子喜欢做什么，而不是他们觉得孩子应该做什么和学习什么。也就是说，如果孩子们非常专注于一个特定的主题，那就让它出现在托盘上吧。

蒙台梭利万用亲子游戏 05

数理逻辑的41种启蒙游戏

[德] 安特耶·博斯特尔曼◎著　林贤聪◎译

认识世界的底层逻辑
（3—6岁）

ZHEJIANG UNIVERSITY PRESS
浙江大学出版社

序言

亲爱的爸爸妈妈们：

本书将为您介绍41种与数理逻辑相关的有趣的托盘游戏。在德国幼儿园里，游戏托盘用途广泛，适用于各种教学领域。这种玩具的优势就在于，孩子能够独立地使用它们，并有助于锻炼孩子各方面的能力。它们非常简单，又极具吸引力，能够用来实现各种教育目的。

关于托盘游戏，市面上已经出现了一些相关图书，许多父母和幼儿园老师也都听说过这种游戏。本系列的另一本《训练思维力的40种托盘游戏》也以此为主题。因此，在这本书里，我们将尽可能简洁地介绍那些托盘游戏的基本规则，以及如何把它们融入日常的育儿活动中。在正文里，我们将尽量使用简短的文字来叙述，以便向大家展示丰富的图片。我们希望，本书中介绍的托盘游戏能够为大家的育儿活动带来帮助。

同时，我们依然期待收到你们的反馈、想法和建议。

祝大家阅读愉快。

目 录

导言

托盘上的教育挑战

在上小学之前，孩子们有几年的时光去游戏和学习。虽然这几年的时光并不漫长，但是孩子们可以从中学到大量的知识和经验。这些知识和经验将会帮助孩子们更快更好地成长。

孩子们天生就拥有对知识的渴望。因此，父母和幼教们面临的一大挑战，就是如何满足孩子们的这种渴望。家长和幼教们可能会手忙脚乱，可能会觉得活动空间不足……当面对诸如此类的问题时，我们应当如何满足孩子们的求知欲呢？

大家无须忧虑，因为我们可以借助游戏托盘来解决这一问题。这种游戏方法由玛利亚·蒙台梭利提出，是通过在托盘上放置一些游戏材料，让孩子们在游戏中完成一些挑战，不知不觉地学习知识。

孩子们要观察托盘上的游戏材料，搞清楚自己的任务是什么，并尝试完成。

虽然游戏托盘准备起来很轻松，但是我们必须注意下面这几项简单的规则。

观察正在玩游戏的孩子

对于父母和幼教们来说，熟知孩子们目前已经具备的能力是非常重要的。为此，我们要每天观察孩子们，并对他们的成长情况做记录与总结。在托盘游戏当中，细心的观察非常重要。在观察的时候，我们须注意思考他们在玩游戏的时候精力是否集中，游戏是否成功，以及他们能否在没有他人帮助的情况下独立完成任务。我们应当鼓励孩子们重复玩同一个托盘游戏，直到能够独立完成这个游戏，他们才能开始玩下一个托盘游戏。

一个游戏托盘被孩子们拿来玩的频率也是非常重要的数据。如果一个游戏托盘很久都没被孩子们再次拿起，那就意味着他们需要新的挑战，需要一个更适合他们年龄的挑战。

游戏托盘应当具有挑战性，让孩子们能够学到些什么

根据记录的孩子成长情况，我们可以计划好下次要使用何种游戏托盘。

调整托盘游戏中的任务

当孩子们完成了学习目标，我们就应该为他们匹配新的挑战，帮助他们进一步成长。因此，不断调整托盘游戏中的任务非常重要。

① 保证每个月都有新的游戏托盘

最好制定一个规则，每个月都对托盘进行检查和更新。如果孩子们能够反复完成一个托盘游戏的任务，那么是时候换一个新的，让他们接受新的挑战了。

② 提前为孩子们准备好游戏托盘

准备一个很棒的游戏托盘要花费不少时间。所以，如果一个游戏托盘还没有被小孩子拿来玩，就把它放在孩子们触手可及的地方，比如置物架上，或者专门腾出一个地方，用于存放各种教育器材。

不断开发新的游戏托盘

对于父母和幼教们来说，了解孩子们的现状，并记录孩子们正处于哪个成长阶段是非常重要的事。因为，我们要依据这些情况，为孩子们安排适当的学习活动，帮助他们进一步成长。这是把托盘游戏应用于教育领域的前提。

我们可以假设，眼前有一个放满游戏托盘的架子，每一种托盘代表一种针对某个特定孩子的教育目标。如果我们观察到这个孩子对颜色类的游戏非常着迷，那么就可以尝试开发一个用各种颜色拼出一个图案的托盘游戏，然后把这个托盘拿给他玩。可能另外的孩子看到了也会受到吸引，想去完成这个任务。

这是一个很棒的现象，证明一切都非常顺利，达到了我们的预期。而一旦游戏托盘被使用，我们就应当密切地观察孩子，看游戏过程是否如我们所料。如果觉得有必要，我们还可以修改游戏任务，让游戏更加具有挑战性。

以这个与颜色有关的托盘游戏为例，简单的游戏可能只涉及两种颜色。所以，如果想让游戏更加具有挑战性，就可以把颜色增加至三种。颜色越多，游戏的难度越高，也就越具有挑战性。

游戏托盘可以鼓励孩子们自主思考

在准备好足够的游戏托盘，并根据孩子们的成长情况设定任务以后，我们根本不必用语言去激励孩子们，他们自然就会充满热情地玩这些托盘游戏。这能够让我们拥有许多时间去处理其他事务，或者把注意力集中到孩子们的特殊需求上。而孩子们也能够学会独立自主地整理游戏托盘。

在准备游戏托盘的时候，要注意下面几个问题。

- 托盘可以为孩子划定游戏区域。我们可以使用垫子或小地毯（如果游戏任务涉及大型材料）代替托盘，这样也能达到同样的效果。

- 托盘代表的是挑战，而不是解决方案。我们需要给孩子布置任务，所以托盘中的游戏任务不能是已经完成的。这一点非常重要，它可以激励孩子们，让他们进一步地参与到托盘游戏中。

- 游戏托盘的目的在于教育。所以在使用托盘时，得保证游戏托盘里有孩子们需要的信息，能够让孩子们在完成游戏的过程中得到成长。

- 游戏托盘上不能包含文字说明，因此最好把游戏任务形象化地表达清楚。如果要完全解释清楚，那么可以录音，让孩子们一按录音设备，就能听取完整的任务说明。

- 多个游戏托盘可以构成一个小型课程。我们可以根据托盘游戏的难度，由低到高地分级，让孩子们先完成低难度的游戏任务，再去进一步挑战高难度的任务。

使用游戏托盘时的几个重要原则：

- 托盘必须放在桌上使用。
- 使用完托盘后必须整理好。
- 同一个托盘最多允许3个孩子同时玩。

它该去哪儿

借助托盘学习分类

是猪，还是牛

动物　　　　　　镊子　　　　　　放游戏材料的碗

孩子们的任务

按照某种分类标准，给动物分类。

游戏目标

了解各种不同的动物，并说出它们的名字。

挑战升级

根据两条腿还是四条腿来分类；根据圈养还是野生来分类；先用双手分类，然后用镊子分类；根据是否可以飞上天空分类。

重要提示

当我们把游戏材料给孩子们的时候，他们可能会根据材料的颜色来分类。如果想要避免这种情况发生，就要把两种不同颜色的动物放在同一个碗里，从而明确分类标准。

哪个长，哪个短

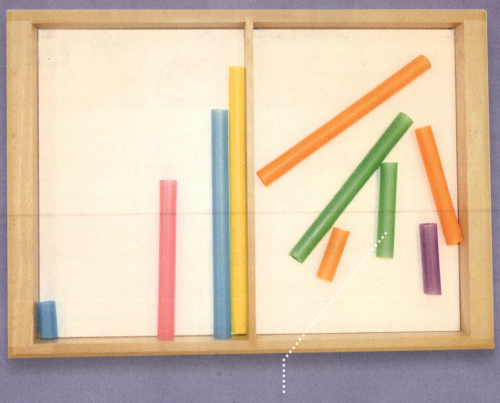

不同长度的吸管

孩子们的任务

根据长度对吸管进行分类。

游戏目标

理解长度的概念，知道什么是短，什么是更短，什么是长，什么是更长。

挑战升级

一开始的时候，使用较少的吸管让孩子们分类，然后逐渐增加吸管的数量，并缩短吸管的长度差距。每种长度的吸管可以有3根。

重要提示

如果孩子们感觉太难，就使用单色的吸管。

量一量

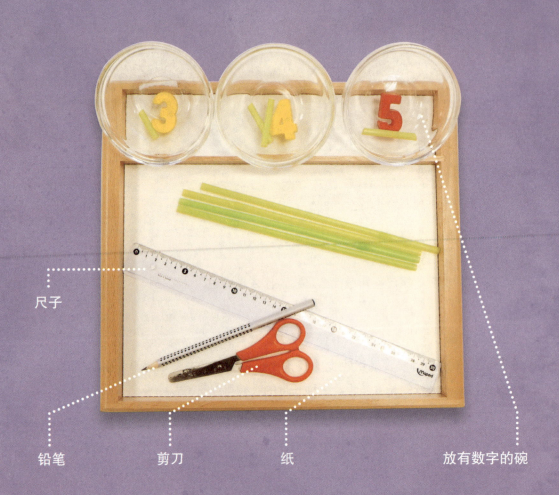

尺子

铅笔　　　　剪刀　　　　纸　　　　放有数字的碗

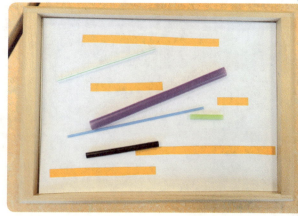

孩子们的任务

量一量吸管，并把它们剪成3厘米、4厘米和5厘米长的许多根吸管。

游戏目标

学习使用尺子。

明白并掌握"厘米"的概念。

挑战升级

根据碗中的数字测量吸管并裁剪。

比一比

模板

大小不同的
3种骆驼

放游戏材料
的碗

孩子们的任务

根据大小对动物进行分类。

游戏目标

学习认识大小。

根据大小对事物进行排序。

挑战升级

把要排序的动物或其他物品的大小从3种增加到5种，甚至10种。

重要提示

不管不同大小的物品有多少个，它们的种类都必须相同。

我们还可以使用其他的游戏材料，来制作独一无二的模板。

水果碗和蔬菜篮

水果图片和
蔬菜图片

用来放图片的碗

孩子们的任务

把水果图片与蔬菜图片准确地放在对应的碗/篮里。

游戏目标

明白并理解什么是水果，什么是蔬菜。

挑战升级

一开始的时候，使用常见的、简单的水果与蔬菜，然后逐渐增加一些不常见的水果与蔬菜。

重要提示

必须确保卡片上的水果与蔬菜足够清晰，易于辨认。

快来数一数

借助托盘学习比例和数量

有多少个蜗牛壳

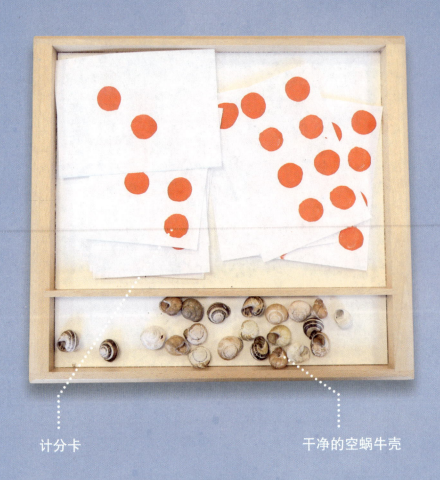

计分卡

干净的空蜗牛壳

孩子们的任务

把蜗牛壳放在圆点上。

游戏目标

练习分拣，然后看一眼蜗牛壳，说出它们的数量。

挑战升级

把蜗牛壳的数量增加到20个。

重要提示

计分卡应当像骰子一样，明确地显示出数字。孩子们要做到看一眼计分卡，就能够说出蜗牛壳的数量。

瓢虫背上有多少个点

写有数字
的夹子

背上有不同点数
的瓢虫卡片

孩子们的任务

把夹子夹在数字与点数相一致的瓢虫卡片上。

游戏目标

看一眼就能够知道瓢虫背上有多少个点（最多有5个点），并能够据此进行比较与分类。

挑战升级

把瓢虫背上的点数增加到10个。

重要提示

夹子上应当写上数字。孩子们要做到看一眼瓢虫，就能够说出它背上有多少个点。

哪个容器里的扁豆最多

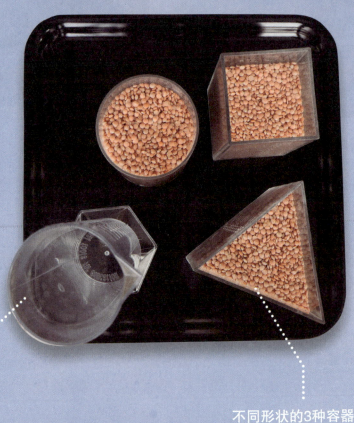

量杯

不同形状的3种容器，里面装有相同高度的扁豆

孩子们的任务

把3个容器中的扁豆分别先后倒入量杯，看一看哪个容器里装的扁豆最多。

游戏目标

让孩子们意识到不同容器的容量是不同的，哪怕里面装的东西高度相同。

挑战升级

在一张纸上记录测量得到的数据。把一些不同的事物，比如水，倒入容器。

重要提示

如果水和扁豆不小心撒在了地板上，可能会比较糟糕。

1/2、1/4和1/8

积木

模板

孩子们的任务

根据大小来挑选积木，并把积木放在模板的合适位置上。

游戏目标

认识和理解数量。

挑战升级

找一个木制的玩具蛋糕，切成大小相同的4块。

重要提示

切割积木时，大小必须足够精确，比如，两块1/4大小的积木合起来应当能够拼成一块1/2大小的积木。

五彩缤纷的世界

借助托盘比较不同颜色
并分类，说出颜色的名称

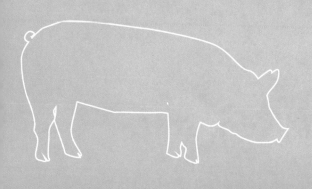

亮色和暗色

亮度不同的色卡/便签条

孩子们的任务

按从亮色到暗色的顺序，对色卡进行排序。

游戏目标

让孩子们意识到，即使是同一种基本色[1]，也会有亮度上的不同。

挑战升级

使用两种基本色来玩游戏，每种基本色的色卡亮度也要不同。如果想让这项任务更具有挑战性，还可以把两种基本色的色卡混在一起，然后让孩子们对色卡进行分类和排序。

[1] 基本色指红、黄、蓝三原色，后文的合成色是指由三原色混合而成的其他颜色。

重要提示

先帮助孩子们把最初的两张卡片放好，再让孩子们接着排列。

多彩的动物王国

放游戏材料的碗   不同颜色的动物   镊子

孩子们的任务

根据颜色对动物进行分类。

游戏目标

认识动物，并给动物分组。

认识颜色，并学会区分不同的颜色。

挑战升级

增加更多不同的颜色，可以增加基本色，也可以增加合成色。

重要提示

对于年幼的孩子们，一开始的时候可以只使用基本色。

探索奇妙的色彩

放游戏材料
的碗

特定颜色
的玻璃珠

色卡

孩子们的任务

把玻璃珠放在颜色与之相应的色卡上。

游戏目标

认识颜色，学会比较不同的颜色。

挑战升级

让孩子们用镊子夹玻璃珠，或者用勺子舀玻璃珠，而不能用手指。

彩虹色

彩虹模板

特定颜色
的玻璃珠

放游戏材料
的碗

孩子们的任务

把玻璃珠放在彩虹模板上颜色与之相应的色块上。

游戏目标

认识和说出颜色，并学会比较不同的颜色。

挑战升级

把模板翻过来，背面朝上，看一看孩子们能否凭借记忆，把玻璃珠的顺序排对。

重要提示

警告：别让孩子吞食！

装满纸片的瓶子

瓶盖颜色各不
相同的瓶子

放游戏材料的碗

不同颜色的纸片

孩子们的任务

根据瓶盖的颜色进行判断，把颜色与之相同的纸片放进对应的瓶子里。

游戏目标

认识颜色，并给颜色分类，锻炼孩子们的小肌肉运动技能[1] 和灵巧度。

挑战升级

增加一些不同的颜色，可以增加基本色，也可以增加合成色。

---

[1] 小肌肉运动技能：又称精细动作能力，如
    绣花、织毛衣、写字等。它主要依靠腕关
    节和手指的运动，还依赖于稳定的心境、
    持久的毅力及某些特定的性格特征。

重要提示

必须保证纸片小于瓶口。

灵活的手指

借助托盘锻炼小肌肉
运动技能和灵巧度

瓶盖寿司

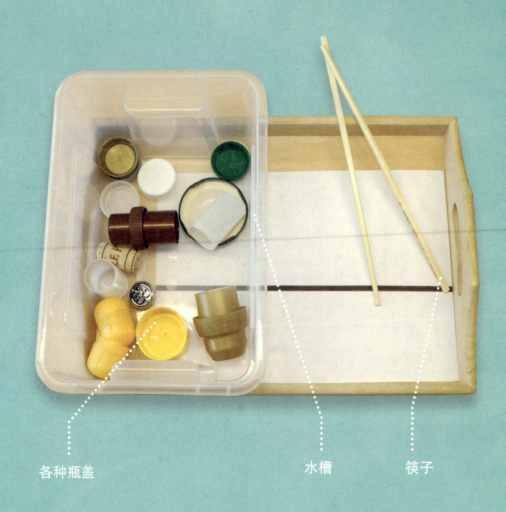

各种瓶盖

水槽

筷子

孩子们的任务

用筷子夹起瓶盖，把它们摆成一排。

游戏目标

根据颜色或形状对瓶盖进行分类。

锻炼灵巧度和小肌肉运动技能。

挑战升级

把软木塞排成一排。

重要提示

大多数孩子会发现，他们很难用好筷子，所以需要一些时间来练习。我们可以在筷子上绑上橡皮筋，这会对他们控制筷子有所帮助。

穿珠子

放游戏材料
的碗

各种带孔
的珠子

样式

线

孩子们的任务

按照一定的样式，把不同形状的珠子穿到一起。

游戏目标

认识并复现某个样式。

练习穿线。

挑战升级

提高样式的难度，比如增加珠子的形状种类，或者以更加复杂的顺序排列。

重要提示

对于年幼的孩子们，我们可以让他们从一些简单的样式开始。比如给他们一些形状相同而颜色不同的珠子，让他们交替地把珠子穿起来。然后，逐渐提升这个游戏的难度，比如让他们在1颗黄珠子后穿2颗蓝珠子。等到孩子们对这种简单样式很有把握以后，再增加颜色和形状，进一步提高难度。

手工编织

纸条   编织纸

孩子们的任务

练习编织。

游戏目标

锻炼孩子们的灵巧度、专注力和毅力。

挑战升级

让孩子们使用不同材料和形状来完成编织。比如用纸条编织，或者编织成
辫子形状。

穿越迷宫

圆球   乐高积木

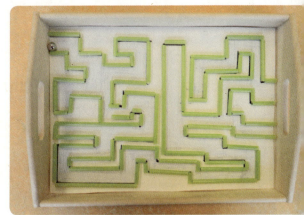

孩子们的任务

滚动圆球，让它通过一个迷宫。

游戏目标

锻炼手眼的协调能力、逻辑分析能力、空间认知能力。

挑战升级

把迷宫里的一些道路遮住，使孩子们无法一直用双眼跟踪圆球。这样一来，孩子们就必须发挥想象力，推测圆球可能会在何处出现。

重要提示

必须确保迷宫牢固、安全地固定在了托盘上。

穿鞋带

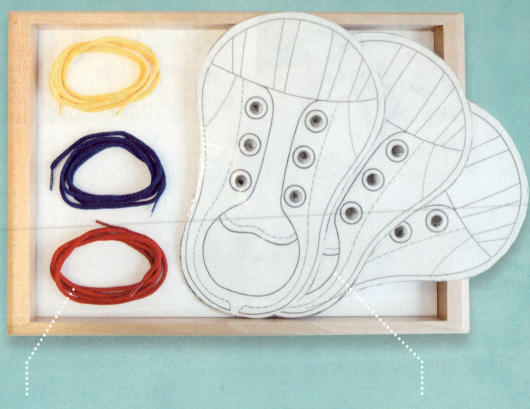

鞋带，或两端缠了
透明胶带的毛线

鞋的样板

孩子们的任务

练习穿线。

游戏目标

锻炼专注力和小肌肉运动技能。

练习多步骤的动作。

挑战升级

打一个蝴蝶结。

重要提示

必须确保鞋带或毛线的长度和粗细适合用于练习。而且，鞋带必须能够穿过鞋眼。

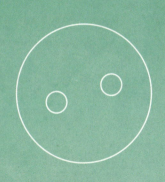

看一看，摆一摆

借助托盘学习认识并复现样式

绳子上的纽扣

样式   线   纽扣

孩子们的任务

根据给定的样式，把纽扣穿成一串。

游戏目标

认识并复现某个样式。

练习穿线。

挑战升级

一开始的时候，使用简单的样式，然后逐渐增加样式的复杂程度。

· 看一看，摆一摆 ·   057

螺旋上的纽扣

放游戏材料的碗　　　　　　样式　　　　　　玻璃珠

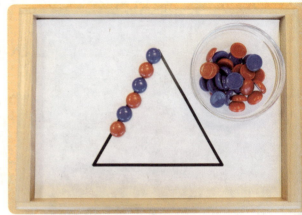

孩子们的任务

把彩色的纽扣或玻璃珠放在螺旋模板或其他模板上。

游戏目标

练习沿着线条放置物体，锻炼小肌肉运动技能。

挑战升级

在这个任务中，孩子们须把游戏材料放在线条上。只要把线条画得更加复杂一些，比如让线条相交，就可以使任务更加具有挑战性。

木制曼陀罗

放游戏材料
的碗

木制玩具

曼陀罗模板

孩子们的任务

根据给定的模板，使用简单的动物拼成一个曼陀罗[1]。

游戏目标

锻炼专注力和毅力。

锻炼手眼的协调能力，学会认识并比较不同的颜色。

挑战升级

一开始的时候，可以先拼一个只有一圈的曼陀罗，然后逐渐增加到两圈或更多圈。我们可以使用许多东西来拼成曼陀罗，比如木制动物、彩色贴纸、玻璃珠或种子。这一切全都取决于我们。

但是，我们要注意，所找的东西必须适合孩子们的年龄与成长水平。对于动作协调能力已经很强的孩子们来说，小的游戏材料，比如豌豆或干扁豆，会是更好的选择。

---

[1] 曼陀罗是一种以形状、线条组合成结构严谨图案的美术创作形式，可以起到放松、减压的作用。

重要提示

同一个形状的游戏材料，其颜色必须是相同的。

链条蛇

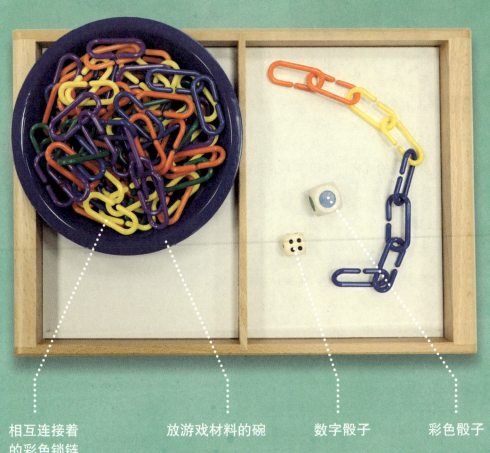

相互连接着
的彩色锁链

放游戏材料的碗

数字骰子

彩色骰子

孩子们的任务

把回形针或锁链连接起来，须使用彩色骰子决定颜色的顺序。

游戏目标

锻炼小肌肉运动技能和专注力。

认识并复现某个样式。

挑战升级

增加样式中的颜色，提高难度。先扔彩色的骰子，决定接下来用哪个颜色的回形针或锁链，再扔数字骰子，决定用几个这种颜色的回形针或锁链。

重要提示

对于年幼的孩子们来说，颜色越少越好。

烤肉串

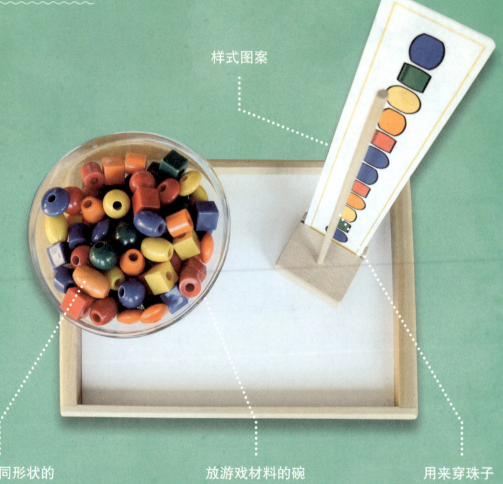

样式图案

不同形状的
彩色珠子

放游戏材料的碗

用来穿珠子
的木棒

孩子们的任务

根据给定的样式，把不同颜色和形状的珠子穿在木棒上。

游戏目标

认识并复现某个样式。

挑战升级

增加颜色，或者让样式更加复杂。

有趣的几何

借助托盘认识几何形状，
以及它们在日常生活中的意义

搭房子

各种几何形状   模板   放游戏材料的碗

孩子们的任务

用几何形状的贴纸或积木拼一幅图。

游戏目标

认识并说出一些简单的几何图形，然后拿它们与真正的实物比较，比如三角形和屋顶，或者圆形和头。

挑战升级

一开始的时候，样式可以简单一些，比如使用房子或人物作为模板。然后，可以开始挑战一些高难度的样式，比如消防车。

重要提示

把贴纸或积木放在碗里，把模板放在木框里，或者类似的物品里。木框里必须有足够的空间用于摆放贴纸，以便孩子们直接开始游戏。

摆骰子

模板

网格

带有彩色图形
的骰子

孩子们的任务

根据给定的模板，摆放骰子。

游戏目标

认识一种样式，并完成摆放。

挑战升级

一开始的时候，模板可以简单一些，然后逐渐增加网格，提高难度，让孩子们认识并完成一些复杂的样式。

重要提示

对于年幼的孩子们，要给一些简单的样式。

七巧板

平板电脑　　　　　　　　　七巧板　　　　　　　　白纸

孩子们的任务

使用七巧板拼图。

游戏目标

认识并说出一些基本形状的名称，然后用它们拼图，以锻炼手眼协调能力。

挑战升级

一开始的时候，模板可以简单一些，然后逐渐提高难度。比如，要求在模板上不可以使用某种特定颜色的七巧板。

重要提示

必须使用原始的七巧板，这样比例才能正确。

影子

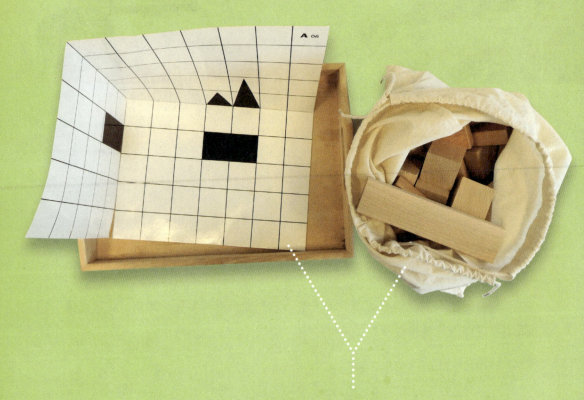

积木影子套装玩具

孩子们的任务

使用积木重现影子形状是如何形成的。

游戏目标

培养孩子们的想象力和思维力。

挑战升级

创造更多复杂的图形，或者让影子倾斜。

重要提示

积木的大小必须与影子的大小相互对应。

沙画

粗面粉或沙子　　　　　　　　　字母模板或图片

孩子们的任务

在沙子上重现模板的形状。

游戏目标

锻炼手眼协调能力。

为练习写字打基础。

挑战升级

从简单的形状开始，然后慢慢增加复杂的形状。我们还可以让孩子们尝试同时用两只手描绘。

重要提示

玩游戏的时候，只把打算使用的模板放在托盘上，其他的全都放在一个小碗里。

兔子、肚子，
跑了、饱了

借助托盘培养孩子们
的语言能力与词汇量

寻找押韵词

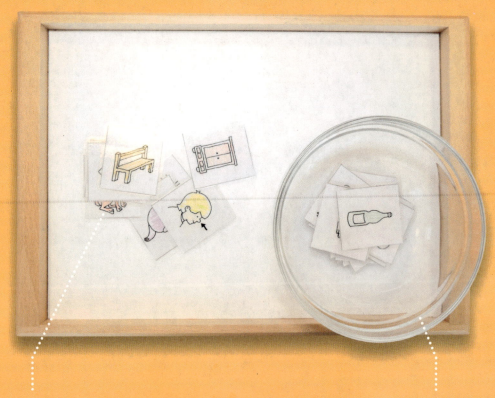

画着押韵词对应
图案的卡片

放游戏材料
的碗

孩子们的任务

认识并说出卡片上画的是什么，然后根据第一张卡片上的韵脚，找出韵脚与之相同的卡片。

游戏目标

认识并想出押韵词。

挑战升级

找出三个或更多押韵的词语。

·兔子、肚子， 跑了、饱了· 081

押韵卡片

画着押韵词对应图案的卡片

放游戏材料的碗

孩子们的任务

找到词语的韵脚相同的一组卡片。

游戏目标

说出卡片上画的是什么，并找出韵脚，锻炼毅力与专注力。

挑战升级

增加卡片的数量。

重要提示

卡片上的图案对应词语的发音必须清晰明确，易于辨别。

·兔子、肚子，跑了、饱了· **083**

复合词

卡片

放游戏材料的碗

孩子们的任务

找到一张卡片，并把它和另一张卡片连起来，形成一个复合词。

游戏目标

让孩子们认识到，语言中的许多词都是由两个甚至更多的词复合而成的，并促进他们更好地理解和使用语言，扩展词汇量。

挑战升级

一开始的时候，游戏中涉及的词语和复合词可以简单一些。随着孩子不断成长，再逐渐引入更多更难的复合词。在选择卡片的时候，我们还可以根据某个主题来挑选。

重要提示

卡片上的图案对应的词语的发音必须清晰明确，易于辨别。

·兔子、肚子，跑了、饱了·　085

拼一拼

卡片

不同形状的贴块

孩子们的任务

按形状对给定的卡片进行分拣。

由我们规定步骤数，让孩子们在规定的步骤数内完成拼接。旁边要放一张最终完成时的图片，供孩子们参考。

游戏目标

理解先后顺序，并动手排序。

认识并比较不同的形状。

挑战升级

给孩子们更加复杂的图片。

减少步骤数。

重要提示

必须根据小孩子的年龄来调整图片和步骤数。

·兔子、肚子，跑了、饱了· 　087

说一说

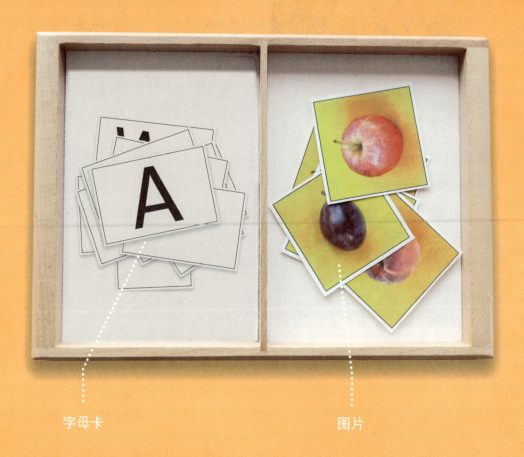

字母卡

图片

孩子们的任务

根据给定物品的名称拼音的声母，挑选图片并分类。

游戏目标

说出物品的名称，认识词语拼音的声母，并以此进行分类。

挑战升级

让孩子们找出词语拼音的声母和韵母（如b/p/m，a/o/e……）。

重要提示

图片上物品的发音必须要清晰，易于辨别。

·兔子、肚子，跑了、饱了· 　089

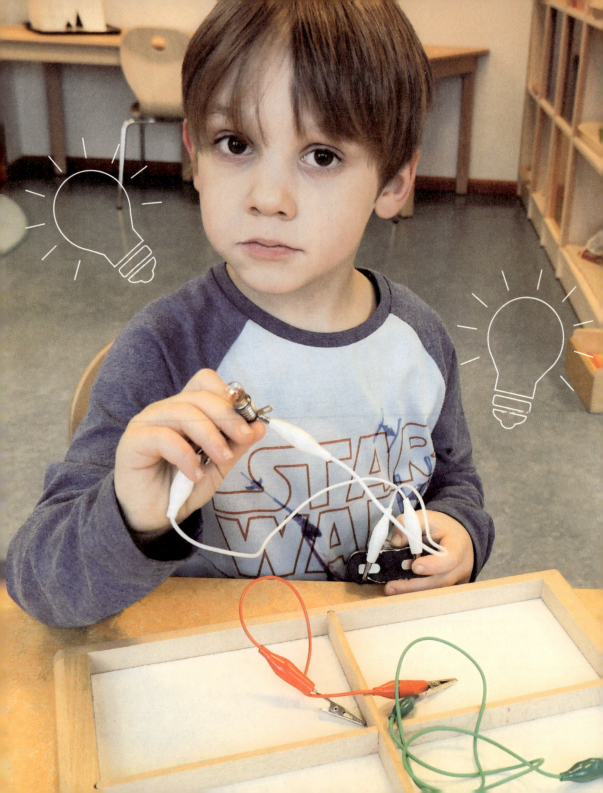

让它们亮起来

借助托盘让孩子们
懂得电学知识，
学会安全用电

小小点灯人

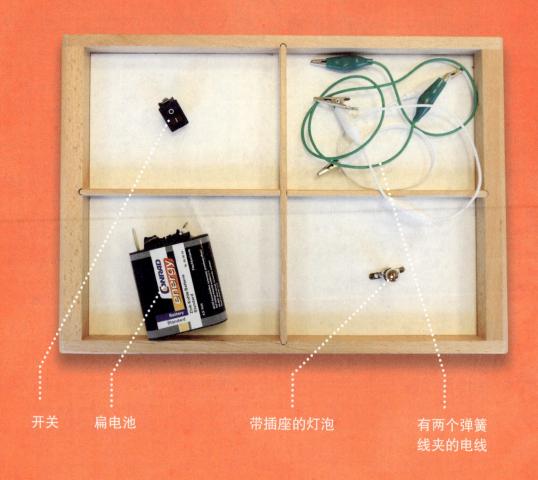

开关　　　扁电池　　　　　带插座的灯泡　　　　有两个弹簧
　　　　　　　　　　　　　　　　　　　　　　　线夹的电线

孩子们的任务

制作一个电路，让灯泡亮起来。

游戏目标

了解电流是如何流动的，明白电池是什么，知道灯泡和开关是干什么用的。

挑战升级

利用电池制作一个简单的电路，并在电路中装上弹簧线夹、灯泡和开关。我们可以让孩子们分别制作并联电路和串联电路。

重要提示

可以事先在纸上画好组装方法，以便孩子们正确地制作电路。

蜡烛亮了

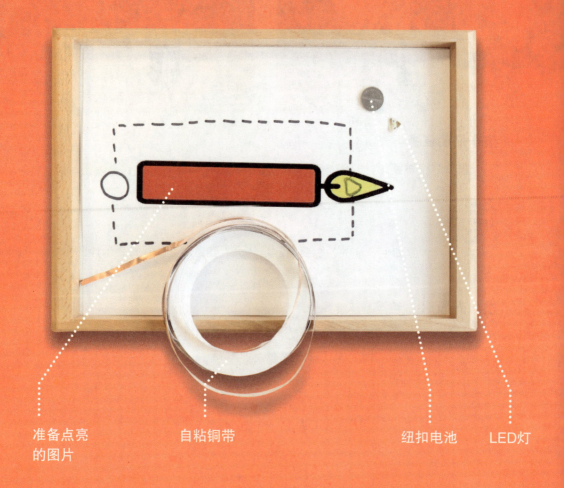

准备点亮
的图片

自粘铜带

纽扣电池

LED灯

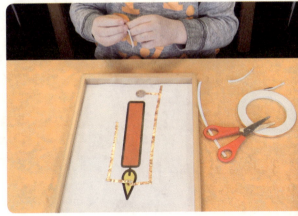

孩子们的任务

把一个LED灯放入图片上的三角孔里，并接上电池。

游戏目标

了解电流是如何流动的，并让LED灯发光。

练习灵巧度。

挑战升级

一开始的时候，可以只用一个LED灯，然后逐渐地在示例图上增加LED灯的数量。

重要提示

图片必须一目了然，准确地描述每个零件应当放在哪里。

小房子亮了

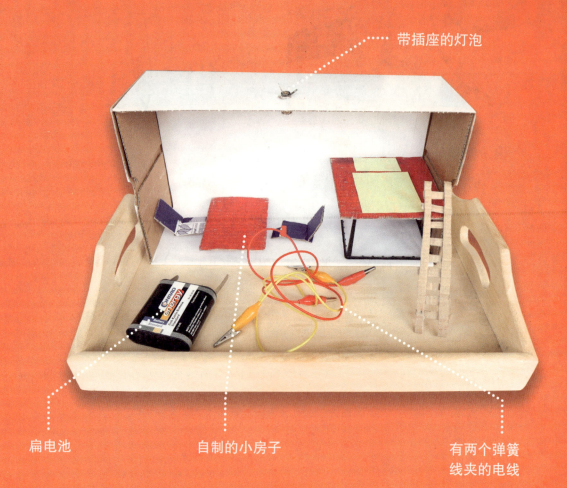

带插座的灯泡

扁电池

自制的小房子

有两个弹簧
线夹的电线

孩子们的任务

把一个用鞋盒做成的玩具小房子或其他玩具房子照亮。

游戏目标

了解电流是如何流动的，并让LED灯发光。

学习并练习做手工。

挑战升级

让孩子们在电路上添加电铃和开关。

重要提示

图片必须一目了然，准确地描述每个零件应当放在哪里。

正极与负极

手电筒   电池   模板

孩子们的任务

把电池装入各种设备里，比如装入手电筒。

游戏目标

了解电池是有正极与负极的，学习正确地安装电池。

挑战升级

可以引入一些不同类型的电池，但是同时也要引入相应的设备。

你知道吗

借助托盘强化各种常识

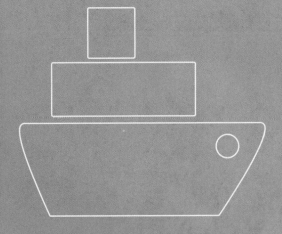

动物们在哪儿住

各种动物

不同栖息地
的图片

放游戏材料
的碗

孩子们的任务

把动物放在相应的栖息地图片上。

游戏目标

学习不同动物的栖息地是哪里，把栖息地分成几类，比如陆地、天空或水中等。

挑战升级

增加栖息地图片，比如鸟巢、地洞、兽穴等。

重要提示

在图片的背面给出正确答案，让孩子们看一看自己的答案是否正确。

神奇的磁力

分拣时用的空碗

实验品

磁铁

孩子们的任务

使用各种磁铁做实验，了解正极与负极的机制。

游戏目标

理解磁性的概念。

挑战升级

隔着一张纸做实验，看看磁力有什么变化。

重要提示

用颜色标出不同的磁极。必须保证正极全都使用同一种颜色，负极则全都使用另一种颜色。

这是哪种水果

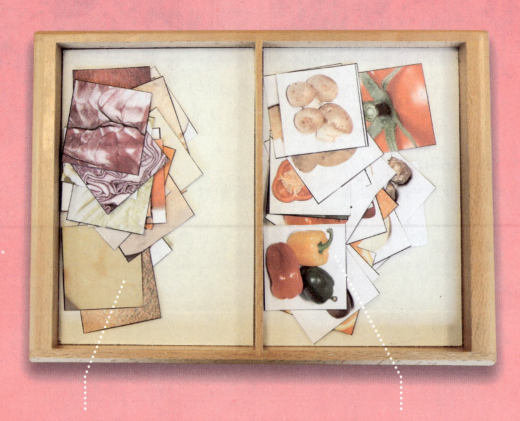

果蔬切片的
示例图

完整水果或
蔬菜的示例图

孩子们的任务

对比一下果蔬切片的示例图和完整果蔬的示例图，使它们相互匹配。

游戏目标

认识水果和蔬菜，并比较果蔬切片和完整果蔬，找出相互匹配的图片。

挑战升级

给出水果的切片，让孩子们将水果与长出这种水果的植物进行匹配。

重要提示

对于年幼的孩子们，要给他们简单一些的水果。

结语

　　游戏托盘可以让父母和幼教们的生活更轻松。它既可以为父母和幼教们节约更多时间，又可以让孩子们在游戏的过程中独立自主地学习。

　　但是，如果没有一定程度的付出，这种方法并不会奏效。我们要把这些游戏安排在日常的育儿活动中，并设定各种规则。然后，我们还要确保孩子们遵守了这些规则。

　　在实践中，并不是在架子上放一些游戏托盘，一切就万事大吉了。我们要经常使用它们，让它们融入日常的育儿活动中。而且，我们不仅要做好每个月的游戏规划，还要想好下一个月里给孩子们玩什么样的托盘游戏。

　　我们准备的游戏托盘应当与房间的装饰主题呼应。孩子们应当在一个专门的区域内玩游戏托盘。在这个区域内，要有桌子和椅子，但是不应该有其他玩具，否则会影响孩子们的专注力。要想让孩子们集中注意力，可以让他们面对着墙壁坐在桌边。

　　托盘游戏可以成为每天的固定活动。比如，我们可以在早上安排30分钟的时间，专门让孩子们玩托盘游戏。这样的固定活动非常有意义。在这30分钟里，父母和幼教可以观察孩子们，满足孩子们个性化的需求。

　　游戏托盘，我们值得拥有！

致谢

非常感谢你们!

感谢在卡拉克斯教育集团的托儿所和幼儿园工作的所有人。

感谢苏珊·里克特和西尔克·沙佩尔,书中介绍的所有游戏托盘都是他们两个人制作的。他们还与幼儿园里的孩子们一起做了测试。

图书在版编目（CIP）数据

蒙台梭利万用亲子游戏：全5册/（德）安特耶·博斯特尔曼（Antje Bostelmann）
等著；陈佳，林贤聪，赵艳君译 . -- 杭州：浙江大学出版社，2020.5（2022.4重印）
ISBN 978-7-308-19999-5

Ⅰ . ①蒙… Ⅱ . ①安… ②陈… ③林… ④赵… Ⅲ . ①学前教育－亲子教育－
游戏 Ⅳ . ① G613.7

中国版本图书馆 CIP 数据核字（2020）第 015750 号

浙江省版权局著作权合同登记图字：11-2019-414

蒙台梭利万用亲子游戏（全 5 册）

[德]安特耶·博斯特尔曼 等著 陈 佳 林贤聪 赵艳君 译

特约策划	穆 强
责任编辑	罗人智 寿勤文
文字编辑	闻晓虹
营销编辑	李嘉慧
责任校对	杨利军 沈 倩
封面设计	红杉林文化
出版发行	浙江大学出版社
	（杭州市天目山路 148 号 邮政编码 310007）
	（网址：http://www.zjupress.com）
排 版	西风文化工作室
印 刷	北京文昌阁彩色印刷有限责任公司
开 本	889mm×1194mm 1/20
印 张	30
字 数	320 千
版 印 次	2020 年 5 月第 1 版 2022 年 4 月第 2 次印刷
书 号	ISBN 978-7-308-19999-5
定 价	149.00 元（全 5 册）